Racconti fatti in casa

Lauro de Bosis Halstead

Dedicato
alla Professoressa Maddalena Borea
che mi ha guidato e ispirato per tanti anni
e
alla memoria di Lauro de Bosis,
patriota, poeta, pilota

Nota dell'autore
Alcuni avvenimenti sono reali,
ma i nomi di certe persone e di certi luoghi
sono stati modificati

Indice

Racconti veri

1
Un'eredità italiana

Mi chiamo Lauro e Lauro é un nome italiano. Ma non sono né italiano né italo-americano. La ragione per cui mi chiamo Lauro è un racconto molto interessante.

La storia comincia con il mio bisnonno che si chiamava Leroy Vernon. Il signor Vernon era americano e nacque in America nell'800. Lui studiò teologia e per tanti anni fu pastore della Chiesa metodista. Verso la fine dell'800, fu mandato dalla sua Chiesa in missione in Italia. Così, nel 1870 portò con sé la sua famiglia a Roma, dove ebbe sei o sette figli tra cui una figlia di nome Evelina.

Evelina era la mia nonna materna. Nata a Roma, imparò l'italiano, l'inglese e altre lingue. All'età di 15 anni si trasferì negli Stati Uniti dove visse il resto della sua vita. La sorella maggiore di Evelina si chiamava Lillian ed era rimasta in Italia dove si sposò con un italiano che si chiamava Adolfo deBosis.

Lillian e Adolfo ebbero cinque o sei figli e il più piccolo si chiamava Lauro, Lauro deBosis. Così, Lauro era figlio di Lillian e nipote di Evelina, la mia nonna materna. Allo stesso tempo, Lauro era cugino di primo grado di mia madre. Lauro ebbe una vita corta ma molto interessante. Studiò chimica alla Sapienza a Roma ma allo stesso tempo amava molto la letteratura, soprattutto la poesia. Oltre all'italiano imparò l'inglese, il francese, il tedesco, il latino e il greco classico. Scrisse poesie e tradusse alcuni lavori dei grandi scrittori greci antichi, come Euripide e Sofocle.

Il busto di Lauro sul Gianicolo a Roma

In quel tempo, le Olimpiadi premiavano anche i migliori giovani poeti e scrittori. Nelle Olimpiadi del 1928, Lauro vinse il primo premio per la poesia con un lungo poema intitolato *"Icaro"* e per qualche tempo fu nominato ambasciatore della cultura italiana dal regime fascista. Verso la fine degli anni '20, divenne deluso con il governo fascista. Così con un gruppo di amici fondò un partito sovversivo che si chiamava L'Alleanza Nazionale. Era un partito piccolo, senza soldi e senza risorse. Per destare il popolo italiano dal torpore politico, escogitò il progetto di volare su Roma e lanciare volantini sulla città per spiegare tutti i delitti e i soprusi del governo e per suggerire al popolo come rovesciare il regime fascista.

Nel 1930 imparò a pilotare un aereo e nell'ottobre 1931, all'età di 30 anni, fece un volo famoso su Roma gettando migliaia e migliaia di volantini sulle strade della capitale. Prima di partire, sapeva che sarebbe stato un volo pericoloso perché gli aerei di Mussolini erano armati, più forti e più veloci del suo piccolo aereo. Perì durante il volo, ma non si sa con certezza come sia morto: silurato dagli agenti di Mussolini o caduto nel mare Tirreno per mancanza di benzina?

Dopo la seconda guerra mondiale, il nuovo governo

italiano scolpì un busto di Lauro e lo pose sul Gianicolo a Roma insieme con altri eroi italiani. Finora, è l'unico cittadino italiano del ventesimo secolo onorato con un busto sul Gianicolo.

Il busto sfigurato dai neo-fascisti

Lauro morì nel 1931 e io sono nato nel 1936, cioè pochi anni dopo la sua morte. Ricordate, gentili lettori, che mia madre era cugina di primo grado di Lauro e così io fui chiamato Lauro in onore dell'eroico cugino di lei.

~ Fine ~

2
J'aime la vie

Nel giugno del 1954, finii il primo anno di università. Durante i tre anni precedenti avevo studiato francese e poi all'università seguii il quarto anno di questa bellissima lingua. Arrivata l'estate del 1954, volli fare un viaggio nell'Europa occidentale per conoscere meglio il mondo. Avevo avuto la possibilità di vivere con una famiglia francese nel sud della Francia, famiglia presso la quale aveva abitato il mio professore universitario di francese due anni prima.

La prima tappa di questo viaggio fu l'Inghilterra dove passai due settimane piacevoli malgrado il tempo brutto. Mentre stavo a Londra, conobbi un americano che si chiamava Tom. Insieme a questi, feci la seconda tappa a Parigi dove rimasi 10 giorni prima di partire per un villaggio nel sud della Francia. Quando arrivammo a Chartres, e proprio di fronte alla cattedrale, conoscemmo un portoghese di nome Francesco. Questi ci invitò a viaggiare con lui e a stare a casa sua a Oporto, la seconda più grande città del Portogallo che si trova sulla costa dell'oceano Atlantico ed è famosa per il suo vino Porto.

Rimasi a Oporto per una settimana e poi partii con il mio compagno di viaggio, Tom, per la Francia. Era un sabato mattina, il 31 luglio. Prima di partire, scrissi una lettera in francese ai miei in America. Fu l'ultima volta che scrissi con la mano destra. Cominciai con queste parole in francese, "J'aime la vie..." Prendemmo un treno per Madrid. Il viaggio fu una maledetta esperienza! Dal primo momento mi sentii male e col passare delle ore mi sentivo sempre peggio. E il viaggio durò 24 ore!

Prima di salire sul treno, potevo camminare senza sosta e usare il braccio destro normalmente, ma a poco a poco non mi fu più possibile alzare la mano destra al di sopra della spalla e non riuscivo a salire più di cinque gradini.

Arrivammo a Madrid alle otto domenica mattina il primo Agosto, 1954 e iniziammo immediatamente a cercare un alloggio non troppo caro. Camminammo per quasi un'ora. Finalmente, arrivammo a una piccola pensione e io dissi a Tom, "Basta! Non ce la faccio più. Non posso fare neanche un altro passo!" Fortunatamente, lui era d'accordo. Più tardi quella sera cominciai a vomitare e avevo una febbre da cavallo. La mattina seguente mi resi conto che non potevo più muovere le gambe.

Durante tutto questo tempo, il mio nuovo amico, Tom, era fuori di sé. Non sapeva che cosa fare. Non voleva chiedere aiuto al padrone della pensione per paura di essere buttato fuori e non voleva ammettere che fossi veramente ammalato. Verso la fine del pomeriggio, ebbe però un'idea geniale: telefonare alla base militare americana che stava alla periferia di Madrid. Lui parlò con un medico americano al quale descrisse tutti i miei sintomi. "Mi pare che il suo amico sia molto ammalato e abbia bisogno di andare a un pronto soccorso." Il nome di questo medico era William Patterson. "Se fa parte dell'esercito americano, posso mandare un'ambulanza a prenderlo e possiamo trattarlo qui alla base militare senza problemi." Tom gli spiegò che ero un povero studente universitario che voleva soltanto imparare un po' di francese. "Mi dispiace molto," rispose il medico della base militare Americana, a 4 km da Madrid. Alla base c'era un ospedale modernissimo per diagnosticare e trattare qualsiasi tipo di malattia. "Mi dispiace molto," disse, "ma non posso fare niente. Sono impiegato per curare soltanto soldati americani. Non posso prendermi cura di civili o spagnoli o americani." Poi il dottor Patterson riattaccò.

La lunga spiaggia d'Oporto

Povero Tom, povero me! Eravamo venuti da 5000 km per goderci le bellezze d'Europa e invece dovemmo passare una triste giornata in una squallida camera senza finestre in una scadente pensione di Madrid!

Tutto quel giorno-- un lunedì--non mangiai niente perché non avevo appetito e non potevo dormire a causa dei dolori muscolari e nelle giunture. Durante il pomeriggio, Tom uscì per trovare qualche cosa da mangiare e distrarsi un po'. Ritornò alla pensione a mezzanotte stanco ed ubriaco. "Non mi piace affatto questo posto," mi disse. "Nessuno parla inglese ed io non so parlare neanche una parola di spagnolo. Tutti i musei erano chiusi e sono arrivato in ritardo alla corrida. Non mi piace la cucina spagnola e mi pare che tutte le ragazze siano puttane. Neanche la birra è buona." Lui era deluso e aveva nostalgia di casa.

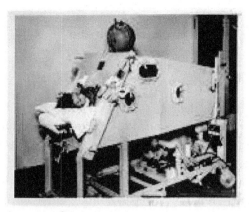

Polmone artificiale del tipo che mi ha salvato la vita

Quella notte poco dopo mezzanotte finalmente mi addormentai. Sognai di essere a casa intorno a una tavola imbandita di cibo delizioso. Tutta la famiglia era presente inclusi i miei, mia sorella e anche la mia nonna paterna che era già morta da tre anni.

*****

Tutto ad un tratto qualcuno bussò alla porta della nostra camera da letto. "Non hai mangiato tutta la giornata," disse Tom. "Adesso penso che stia dormendo." Poi sentii la voce di un altro uomo. Un americano con un accento del sud. "Lauro. Lauro, puoi sentirmi? Come ti senti?" Era il dottore americano, il dottor Patterson. "Sono venuto a visitarti," spiegò. "Non potevo dormire sapendo che tu sei qui così ammalato." Lui fece una breve visita medica e dopo qualche minuto mi disse, "Come pensavo, tu sei affetto da poliomielite acuta. Non posso ammetterti nell'ospedale militare ma domattina chiamerò un amico medico spagnolo che potrà aiutarti. Tu avrai bisogno di un polmone d'acciaio per salvare la vita." Così dicendo se ne andò.

~ Fine ~

3
La casa nel bosco

Questa è la storia della mia famiglia e della sua casa nel bosco. Questa storia cominciò nel 1938 quando i miei comprarono una casa in un bosco nel sud del Vermont. Questa casa, di oltre 200 anni, era inizialmente una cascina senza elettricità e senza conforti moderni. Per tanti anni, i miei la usarono solo come rifugio estivo, dove anch'io passai molte estati felici della mia fanciullezza.

Nel 1965, quando mio padre andò in pensione, decise di stabilirsi definitivamente con mia madre in quella casa. Insieme iniziarono a restaurarla per renderla più abitabile alla famiglia che soleva unirsi spesso lì. La casa aveva diverse camere da letto, una cucina moderna e tre stanze con camino: la libreria, il tinello, e l'accogliente salotto. Essendo in cima alla montagna, aveva un'esposizione stupenda con un panorama mozzafiato.

I miei sul dondolo sotto il portico

All'infuori di questa magnifica esposizione, la casa era completamente isolata e circondata da una foresta nazionale. Il paesino più vicino era lontano quasi due miglia e lo si poteva raggiungere solo attraverso un sentiero secondario. La notte c'era sempre un silenzio profondo, simile a quello delle foreste primitive, e il cielo era sempre così buio che si poteva distinguere ogni stella come se fosse una luce infinitamente brillante.

I nostri genitori erano l'anima della casa: mia madre nella cucina a preparare un pasto sano con le verdure fresche cresciute nell'orto di mio padre; o accanto al fuoco a leggere nella libreria con mio papà vicino, il quale soleva scrivere la sera qualcosa da spedire a giornali fossero interessati a pubblicare suggerimenti su come ottenere la pace nel mondo.

Mia madre con le sue bellissime nipoti

Sempre molti erano gli ospiti della casa nel bosco: cugini, nipoti, zii e zie, amici, amici di amici, nonni e anche bis-nonni. Venivano in visita da una parte o dall'altra del paese, qualche volta soltanto per un'ora o per un pasto, altre volte per due o tre notti. Una volta, uno scrittore e amico di famiglia, venne per un fine settimana e vi rimase per due mesi per scrivere un libro. Un'altra volta, mia sorella invitò un gruppo di attori a cenare, e questi vi rimasero per un mese: erano 25 in tutto.

La casa in primavera

Per tanti anni, i miei godettero buona salute. Mio padre camminava due miglia ogni giorno e tagliava cataste di legna ogni settimana per i camini. Mia madre, invece, faceva la cucina, puliva la casa, e faceva le spese per gli ospiti che arrivavano senza fine.

Il 65esimo anniversario

Ma, inesorabilmente, mamma e papà invecchiarono. Nel 2002, mio papà ebbe un ictus; aveva 96 anni e mia madre ne aveva 94. Furono costretti a trasferirci in una casa di riposo. Due anni più tardi, all'età di 98 anni, mio padre si spense nel sonno. Mia mamma rimase lì nella casa dove si erano trasferiti insieme per trascorrervi gli ultimi giorni. Oggi, ancora sana e felice e senza acciacchi, rimane lì. Nel dicembre 2009, compirà 102 anni.

Poco dopo la morte di mio padre, io, mio fratello e mia sorella, abbiamo venduto la casa nel bosco e la maggior parte della terra che la circondava. Sono rimaste sulla proprietà originale due case: una appartenente a mio fratello, il cui figlio minore vi abita con la moglie e i suoi tre figli. L'altra casa, che appartiene a mia sorella e a suo marito, è una vera e propria meraviglia. È costruita in maniera da conservare calore e produrre elettricità per riscaldare l'intera casa. Per far ciò, mia sorella e mio cognato usano due mulini a vento e diverse dozzine di pannelli solari. Così, questa casa modernissima di mia sorella somiglia alla casa originale nel bosco dei miei genitori: entrambe possono esistere senza contatti con i centri abitati ed entrambe sono autosufficenti.

~ Fine ~

4
Un ritratto di mio padre

Questa è una breve biografia di mio padre che si chiamava Gordon. Mio padre nacque a Siracusa, New York, nel 1905. Era il secondo maschio di tre figli. Il fratello maggiore si chiamava Gugliemo e il terzo figlio si chiamava Giorgio. Giorgio e Gordon erano gemelli, ma non identici. Erano gemelli fraterni.

Non so molto della sua gioventù, ma posso indovinare che non fosse molto felice. Nel periodo della sua nascita, i suoi genitori avevano molti soldi ma anche molti problemi. Infatti, quando mio padre aveva solo due anni, suo padre abbandonò la famiglia per un'altra donna e, per questo Gordon non rivide il padre che solo due volte nella sua vita. Quando aveva 24 anni, precisamente nel 1929, la famiglia subì un'altra crisi: sua madre perse quasi tutti i soldi nel famoso crollo della borsa.

Malgrado tutto questo, mio padre ebbe una vita lunga, distinta e felice. Morì nel 2004 all'età di 98 anni. Durante l'arco della sua vita, godette buona salute e trascorse soltanto 21 giorni in ospedale.

Nel 1928, all'età di 23 anni, si sposò con mia madre subito dopo la laurea. Poco tempo dopo, i giovani sposi partirono per l'India dove restarono per quattro anni. Questo periodo fu pieno di avventure e novità. Lui insegnò storia in un'università, ma per la maggior parte del suo tempo fu occupato nel grande movimento d'indipendenza di quel paese. Inoltre, i miei cercarono di integrarsi con gli indiani: mangiarono cibo indiano, vestirono abiti indiani, e fecero feste con gli studenti indiani.

I miei in abiti indiani, anni '30

Visto che mio padre era molto contrario alla politica del governo inglese, organizzò i suoi studenti a fare marce per l'indipendenza e scrisse articoli contro il governo inglese nei giornali locali. Alla fine, il governatore inglese disse, "Siamo stufi di questo americano che crea troppi problemi. È ora che se ne vada via!". Così, nel 1932 il governo inglese espulse i miei dall'India con l'ordine di partire entro 10 giorni.

Durante gli anni '30, '40, e '50, mio padre lavorò come insegnante di storia, poi come impiegato del Ministero degli Esteri, più tardi come impiegato all'ONU, in seguito come rettore d'una piccola università del Vermont, e fece poi parecchi altri lavori. Durante questo periodo, si interessò di tante cose come la politica, la pace e l'ambiente.

Negli anni 30, lavorò per il partito socialista come volontario e fu per qualche anno il capo dei socialisti di una contea fuori di New York City. Più tardi divenne democratico e una volta, insieme con mia madre, mangiò alla Casa Bianca con la signora Roosevelt. Nel 1952, concorse alla carica di sindaco di White Plains, NY come democratico in una città che era repubblicana da cinquant'anni. Ovviamente perse. Più tardi, all'età di 94 anni, concorse un'altra volta da democratico per la legislatura del Vermont-- e perse ancora. In quell'anno, mio padre era la persona più vecchia negli Stati Uniti a concorrere per una carica politica.

Durante gli anni '70 e '80, i miei organizzarono un'agenzia turistica per fare viaggi educativi in India. Fecero 10 o 12 viaggi nel sub-continente indiano dove fecero la conoscenza di Indira Gandhi e di tanti altri leader del governo federale, di piccoli paesi, e di nuove industrie. Nel 1986, il governo indiano, per celebrare la contribuzione dei miei per la lotta per l'indipendenza dal 1928 al 1932, li invitò a fare un viaggio di due settimane a spese del governo indiano.

Cominciando con il primo viaggio in India nel 1928, mio padre scrisse lettere ai redattori di giornali delle città dove abitava o che visitava. Queste lettere parlavano delle stesse cose sempre importanti per lui: la politica, l'educazione, la pace, l'ambiente, ecc. Verso la fine della sua vita, raccolse queste lettere in un libro - lettere stampate nel New York Times, The Christian Science Monitor, The Miami Herald, The Houston Post, ecc.
    Oltre alle lettere ai redattori dei giornali, scrisse lettere a tutti i personaggi che conosceva. Fortunatamente, ritenne copie di questa corrispondenza e altri ricordi. Negli ultimi anni della vita, scrisse un altro libro su tutti i suoi viaggi e le sue avventure. Si spense nel giugno 2004 all'età di 98 anni.

~ Fine ~

5
Viaggi con mio papà

Quando ero giovane, ricordo che mia madre diceva sempre la stessa cosa durante i lunghi viaggi che la famiglia faceva in macchina. Diceva che mio padre aveva un angelo che vegliava su di lui. Per esempio, diceva, "Gordon, sei davvero fortunato! Hai proprio un angelo che veglia su di te." O "Gordon, non devi fare alcun piano prima di metterti al volante perché c'è sempre un angioletto che veglia su di te per tenerti sano e salvo."

Non capivo il significato di quelle parole. In genere, mia madre lo diceva sempre sorridendo per cui io, giovanissimo e innocente, pensavo che lo dicesse per scherzo. Fu solo più tardi, quando ero già cresciuto, che cominciai a capire che qualche volta era uno scherzo, ma più spesso era una frase detta con un misto di rabbia e ironia.

Oggi, dopo tanti anni, mi rendo conto che quello che diceva mia madre era la verità. Mio padre non pianificava mai niente. E non lo faceva perché fosse pigro o non volesse dare fastidio agli altri. Anzi, era un uomo pieno di energia e lavorava duro. Era anche vero che, pur lavorando tanto, non guadagnava abastanza per la famiglia in proporzione. La famiglia così non era ricca ma neppure povera.

Ad esempio, durante l'ultimo anno della seconda guerra mondiale, quando avevo nove anni, ricordo che la mamma ci informò che non c'era abbastanza denaro per la cena. In quello stesso momento, mio padre rincasò tutto sorridente. Disse, "Non preoccupatevi. Oggi pomeriggio, ho ricevuto per posta un assegno di $200 da Brendan, un amico di Università.

Vent'anni prima, glieli avevo dati in prestito e oggi appunto me li ha restituiti." Mia madre, visibilmente commossa, era al tempo stesso arrabbiata. Gli disse con voce calma, "Ancora una volta il tuo angioletto è arrivato in tempo. Adesso possiamo mangiare per un altro mese."

*****

Un altro esempio, e forse il peggiore di tutti, avvenne quando avevo 21 anni. Era il giorno della mia laurea. La cerimonia di laurea era stata programmata per mezzogiorno. Io ero piuttosto ansioso anche perché avrei ricevuto dei premi durante la celebrazione. Non volevo, perciò, arrivare in ritardo.

In quel periodo, abitavamo a due ore di macchina dall'Università. Mio padre, che non rispettava mai gli appuntamenti, voleva lasciare la casa proprio alle 10. Mia madre, invece, amava arrivare sempre con 30 minuti di anticipo. Finalmente, dopo un battibecco, giunsero a un compromesso e lasciammo la casa alle 9:45. Eravamo in cinque in macchina quel giorno: i miei genitori, mio fratello che aveva sei anni più di me, mia sorella che aveva tre anni più di me ed io.

Mio fratello, Scott B. Halstead e mia sorella, Welthy S. Myers

Era il primo sabato di giugno: l'aria era fresca e il sole risplendeva. Per la strada, il traffico era peggio che mai. Mentre eravamo in macchina, cominciammo a parlare del modo migliore per evitare il traffico e abbreviare il nostro viaggio. Improvisamente, scoprimmo di essere su una strada sconosciuta. Allo stesso momento, mia madre guardò l'indicatore della benzina e gridò, "Gordon, com'è possibile? Siamo senza benzina! Che possiamo fare? Questa è l'ultima volta che faccio un viaggio con te!"

Come sempre, quando mio padre era molto nervoso, cominciava a fischiare. E in genere, fischiava la stessa canzone: una canzone d'amore. Così, mentre mia madre gridava che eravamo senza benzina e mio padre fischiava motivi d'amore, noi ragazzi gridavamo perché eravamo già in ritardo per la cerimonia e non vedevamo un distributore di benzina.

In quel momento, arrivammo di fronte a una grande collina. All'inizio, la macchina andava avanti normalmente, ma verso la cima, il motore si spense.

All'ultimo momento: un distributore!

Mio padre disse, " Avanti, avanti, andiamo avanti! Per favore, andiamo avanti, cara macchina mia!" E allo stesso tempo, mia madre disse, "Non ce la facciamo! Ti giuro! Non ce la facciamo!"

Poi lui aggiunse, "Dev'esserci un distributore qui vicino. E credo che l'Università non sia lontana." Intanto mio padre continuava a fischiare.

A questo punto, erano già le 11:45, avevamo solo 15 minuti per arrivare all'Università, trovare un parcheggio e un posto alla cerimonia. Mentre guardavo l'orologio, la macchina si fermò. Ma soltanto per un momento. Poi, si rimise in moto e superò la cima della collina. A poco a poco, senza benzina, la macchina andava giù sempre più velocemente lungo la collina.

Tutto a un tratto, mio padre esclamò, "Guardate a destra! In fondo alla collina. C'è un distributore. Siamo salvi e Lauro avrà i suoi premi!" Mia madre, che non era una persona religiosa, disse, "Beh, Gesù Cristo, ti benedico! Il nostro Salvatore. Dov'eri prima? Anzi, è arrivato ancora l'angioletto di Gordon che veglia su di lui! Ma perché abbiamo dovuto aspettare così a lungo?"

Cinque isolati oltre il distributore, trovammo l'entrata dell'Università e dopo dieci minuti eravamo seduti sulle nostre sedie, pronti per la cerimonia.

~ Fine ~

6
La cartolina

Nel 1962, quando avevo 26 anni, scoprii una cartolina molto interessante che fa parte del mio passato. Per essere più precisi, faceva parte del passato dei miei genitori. Questa cartolina era, era... ma *vado troppo di fretta*.

La storia non comincia nel 1962 ai tempi del mio viaggio all'estero, ma verso la fine degli anni venti, all'università di Siracusa nello stato di Nuova York. Mia madre, che si chiamava Helen, e mio padre, che si chiamava Gordon, erano studenti all'università di quella città. Lei studiava francese e lui scienze politiche. In quei giorni mia madre sognava di diventare insegnante di francese in un liceo di Siracusa, mentre mio padre voleva diventare un politico del governo federale di Washington. Ma le cose *non si svolsero così* e, grazie a questo, secondo me, *ebbero* una vita molto più interessante.

I miei si conobbero durante la primavera del 1927 e si sposarono nel giugno del 1928, il giorno dopo la loro laurea. *Siccome mio padre* non riusciva a trovare lavoro come politico, restò per un po' disoccupato. Per caso, poco prima della loro laurea, una mia prozia, da parte materna, si trovava a Siracusa per fare un discorso in una chiesa metodista, a proposito della sua vita in Cina e India. Durante questo viaggio, *la mia prozia*, che era sposata a un *vescovo metodista* in India, suggerì a mio padre di andare in quel paese dove avrebbe potuto insegnare scienze politiche all'università di Lucknow nel nord dell'India. Lui ne parlò con mia madre e insieme decisero di partire immediatamente per l'Oriente.

Il Taj Mahal a cavallo degli anni '30

Dopo un lungo viaggio di nozze in Europa, gli sposini arrivarono in India nell'autunno del 1928. In quel periodo l'India era impegnata in una seria lotta per la sua indipendenza dal governo britannico. Il grande Gandhi, Nehru e altri giovani leader del movimento di libertà erano gli eroi indiani, soprattutto per i giovani studenti universitari. Durante i primi giorni di permanenza in India all'università di Lucknow, *i miei presero* una decisione molto importante. Decisero di vivere come gli indiani, cioè, mangiare cibo indiano, vestirsi in vesti indiane e cercare amici fra gli studenti del posto.

Per capire meglio questa storia della mia famiglia, è molto importante conoscere due cose principali: la lunga storia indiana e l'orientamento politico di mio padre. Per migliaia e migliaia di anni, prima che l'India diventasse una nazione moderna, era conosciuta come una terra circondata dalle acque del fiume Indus da cui, più tardi, prese nome il paese. In una parte di questa terra, soprattutto al nord, c'erano giungle e animali selvaggi; da un'altra parte si trovava una zona piena di *spezie e di profumi*; in questo posto abitava una popolazione civile e sofisticata che professava una religione particolare e aveva una cultura molto differente da quelle d'Europa. Era, insomma, il gioiello dell'oriente. Questo popolo indiano non cercava di conquistare i suoi vicini, ma, per la maggior parte, voleva vivere in pace.

Come tanti sanno, l'India è il luogo di nascita del Buddismo, una religione che cerca di trovare la verità nella natura e negli esseri umani. Una religione di pace e serenità. Oggi il Buddismo è professato soprattutto nel Tibet e in Cina, mentre la religione principale dell'India è l'Induismo, anche questa una fede nella natura e anche questa in cerca di tranquillità. Gli Indù, per esempio, credono che ci siano centinaia di dei e che lo scopo della vita consista nel *comportarsi in modo che,* nella prossima vita, ci si possa reincarnare in elementi superiori. Tutto questo è molto diverso dal credo giudaico-cristiano con la sua fede in un solo Dio. Secondo questo credo, forza è quasi sinonimo di giustizia e ricchezza, qualcosa accessibile a tutti. Insomma, si può dire che lo sviluppo della gente indiana nel sub-continente fosse molto diverso dall'evoluzione delle popolazioni che abitavano le isole inglesi.

Tutto questo cambiò all'inizio del settecento quando gli Inglesi arrivarono e crearono una nuova nazione che *assoggettarono* alla corona britannica. Sin dall'inizio, gli inglesi forzarono il loro sistema di governo, di commercio, di leggi, eccetera, sul popolo indiano. Costruirono strade ferroviarie, ponti, edifici e strade per arricchire i commercianti dell'East India Company. Si può dire, in breve, che ci fosse stato un grande *scontro di civiltà* quando gli inglesi sbarcarono in India.

Dopo tre secoli di *soggiogamento*, gli indiani vollero liberarsi degli Inglesi e creare un paese indipendente basato sui propri valori e principi. Il leader principale di questo movimento fu il grande Gandhi con l'aiuto di Neru, del famoso poeta Tagore, di migliaia e migliaia di studenti universitari e di innumerevoli altri uomini e donne famosi e sconosciuti nel resto del paese.

Questa era l'atmosfera storica, culturale e politica quando i miei arrivarono a Bombay (attualmente Mumbai) nel settembre del 1928. Mio padre, a quel tempo, era studente di Storia Americana e anche di quella Indiana; credeva ferventemente che ogni nazione avesse il diritto di creare il proprio destino. Era un idealista! Credeva, inoltre, nei principi della rivoluzione francese: libertà, uguaglianza e fratellanza.

Pochi mesi dopo l'arrivo dei miei all'università di Lucknow nel nord dell'India, mio padre *cominciò ad assistere* a diversi eventi organizzati dagli studenti in nome dell'indipendenza. Nel giro di poco tempo, la loro lotta diventò anche la sua. In quei giorni c'erano Inglesi e Americani che lavoravano alla stessa università di mio padre e abitavano in città. I miei furono gli unici occidentali a frequentare socialmente gente indiana. Pranzavano con loro e *li appoggiavano* nelle lotte d'indipendenza.

Come voi potete immaginare, gentili lettori, *i miei diventarono molto ben voluti* dagli studenti indiani, sia all'università di Lucknow che in altre università di quella provincia. Allo stesso tempo, il governatore e altri ufficiali inglesi della provincia diventavano sempre più sospettosi delle attività di mio padre. In tre anni il nome di Gordon Halstead, mio padre, aveva fatto il giro di tutte le università dell'India. Influenzato dal precedente di Martin Luther, mio padre scrisse una lettera ai rappresentanti della casa reale inglese. *Nella missiva chiedeva che il governo britannico concedesse l'indipendenza agli indiani e abbandonasse l'India.*

Com'era prevedibile, il governatore rigettò la richiesta, consigliò che mio padre la ritirasse o lasciasse il paese in 10 giorni. Senza esitare, mio padre rispose che sarebbe partito. Nella primavera del 1932, i miei lasciarono Lucknow e presero un treno locale verso Calcutta, un viaggio di 2000 miglia! *Ad ogni fermata durante i cinque giorni seguenti, trovarono centinaia e centinaia, e qualche volta anche migliaia, di studenti ad aspettarli per salutarli e per protestare la loro forzata partenza dal paese.*

Da giovane, avevo sentito tante volte la storia della vita dei miei genitori in India e delle loro avventure. Speravo perciò di andarci un giorno per capire meglio la storia del soggiorno indiano dei miei. La possibilità mi si offrì nel 1962. Dopo il terzo anno di medicina, ottenni una borsa di studio che mi consentì di studiare per tre mesi medicina tropicale in un ospedale indiano. Arrivai in India durante l'estate del 1962, esattamente trent'anni dopo la partenza dei miei da quel paese. *Ogni settimana durante quell'estate, insieme a studenti indiani, visitavo ambulatori rudimentali delle campagne in cerca di contadini sofferenti di varie malattie.*

Un giorno andammo a un piccolo villaggio dove feci la conoscenza del sindaco. Dopo che io e il gruppo medico avemmo trattato alcuni pazienti, il *suddetto sindaco* ci invitò a casa sua per mangiare qualcosa. Durante questo incontro, parlai dei miei e della loro passione per l'India, e gli dissi del loro contributo alla lotta per l'indipendenza del paese. A questo punto, il sindaco mi chiese, "Come si chiamano i suoi genitori? Perché è possibile che io abbia qualche cosa che potrebbe interessarLe." Gli risposi, "Halstead. Helen e Gordon Halstead." Lui *scomparve* in una stanza adiacente e quando ricomparve, aveva qualche cosa in mano. Sorridendo mi diede una vecchia cartolina con una foto di due giovani americani vestiti in vesti indiane. "Eccola! Riconosce questa coppia? Mi sembra che siano i suoi. Giusto?"

La guardai per un attimo. Era una foto dei miei genitori 30 anni prima! Poi gli dissi, "Sì, è vero! Sono proprio mia madre e mio padre! Ma com'è possibile che ce l'abbia lei?" Lui rispose, "Io ero studente all'università di Nuova Delhi e ricordo bene quando i suoi genitori furono cacciati dagli inglesi. Per un po' di tempo, furono gli "Eroi Americani" di noi studenti universitari e di tutti quelli che sognavano l'indipendenza. *Lei deve essere molto fiero di loro!*"

Che miracolo! Ma com'era possibile che durante un viaggio quasi intorno al mondo, in un villaggio sperduto del nord dell'India, trovassi una foto dei miei genitori? Una foto fermata nel tempo che ritraeva i miei nel pieno della loro giovinezza, partecipi di un momento storico. *È come se quest'immagine avesse aspettato tutto questo tempo il mio arrivo in questo grande paese, in questa provincia sovrappopolata, in questo villaggio sconosciuto e finalmente nell'umile casa di un sindaco di campagna!*

Che pensate voi, gentili lettori? È questo il racconto di un destino o solamente il racconto di un caso fortuito?

~ Fine ~

7
Le avventure della mia prozia

Questa è la storia della vita della mia prozia, sorella del mio nonno materno, la quale si chiamava Welthy Honsinger Fisher. Welthy, un nome di famiglia di origine gallese, ebbe una vita lunga ed ammirevole. Nacque nel 1879 a Siracusa nello stato di Nuova York e morì nel 1980. È possibile dividere la sua vita in tre fasi.

La prima fase (1900-1925)
Questa fase si svolse per la maggior parte in Cina. Da giovane Welthy studiò canto a Nuova York per diventare cantante di opera. Un giorno andò al Carneige Hall per ascoltare il discorso di un missionario della chiesa metodista che descriveva la sua vita in Cina. Welthy fu ispirata e decise di partire per la Cina come missionaria. Dopo un anno, si imbarcò a Seattle su una nave mercantile che la portò fino a Shanghai. Qui prese un'altra barca, attraversò il fiume Yangtse e raggiunse il cuore della Cina. Si dice che fosse stata la prima donna bianca a fare da sola un viaggio di tale lunghezza.

Per molti anni insegnò inglese in una scuola di ragazze cinesi dal nome "Bethesda", un nome biblico. Oltre a fare l'insegnante, Welthy imparò a parlare cinese. Aveva una passione per la musica lirica e le piaceva cantare nei piccoli villaggi di campagna. Si può immaginare che questi spettacoli fossero molto divertenti. La signora Fisher era una donna unica: alta un metro e ottanta e robusta, aveva un gran petto come tutte le cantanti d'opera di quel tempo. Per pura combinazione, un giorno cantò in una città e fra gli spettatori c'era una ragazza Americana. Questa, nata in Cina, era figlia di missionari americani. Il suo nome era Pearl Buck, la stessa Pearl Buck che avrebbe vinto tanti anni più tardi il premio

Nobel per la letteratura; fù la prima donna Americana a ricevere quest'onore.

Nel 1915 Welthy divenne direttrice della scuola Bethesda che due anni dopo prese fuoco e bruciò. Ritornò più tardi in America per raccogliere fondi e ricostruire la scuola. Mentre era negli Stati Uniti, la nazione entrò nella prima guerra mondiale. Welthy decise di unirsi all'esercito americano come autista di ambulanze in Francia. Dopo la guerra, Welthy ritornò un'altra volta nel cuore della Cina dove gestì I lavori di ricostruzione della nuova scuola con i soldi che aveva raccolto da tante chiese metodiste dove tenne sermoni e discorsi simili a quelli che aveva ascoltato tanti anni prima al Carneige Hall. Nel 1925 tornò ancora una volta in America per cercare nuovi orizzonti. Quello stesso anno fece la conoscenza di un certo Frederick Fisher, vescovo della chiesa metodista in India. Nel giro di pochi mesi, i due si sposarono dando così inizio alla seconda fase della vita di lei.

La seconda fase (1925-1950)
Dopo il matrimonio, Welthy e Frederick andarono a vivere in India. Durante questa fase, Welthy imparò a parlare la lingua indiana e scrisse qualche libro sulla vita religiosa. Studiò poi, per diventare ministro metodista, mentre il vescovo Fisher ebbe modo di conoscere molti leader Indiani come il grande Gandhi, Nehru, e altri. Di conseguenza la signora Fisher ebbe modo di diventare amica di tutti questi leader, un fatto che fu molto utile alla terza fase della sua vita. Nei primi giorni del nuovo anno del 1950, Welthy e suo marito furono negli Stati Uniti per una conferenza religiosa. Dopo questa conferenza, il vescovo Fisher ebbe un incidente automobilistico durante il quale perse la vita. Welthy divenne, così, vedova all'età di 71 anni senza lavoro, senza figli e senza uno scopo.

La scuola della prozia commemorata su un francobollo

La terza fase (1950-1975)

Nel 1951, per cercare un nuovo destino, Welthy ritornò in India dove andò a trovare Gandhi. Questi si trovava in una stanza piccola senza mobili, ad eccezione un filatoio a mano. Quello che successe fra i due, la mia prozia me lo raccontò varie volte. In una vita spettacolare e piena di avventure, forse questo incontro fu la cosa più spettacolare di tutto.

Il grande Gandhi beveva tè nero e una signorina inglese ne portò una tazza anche a Welthy. Questa iniziò presentandosi, "Io sono vedova e senza responsabilità di famiglia. Inoltre sono ancora giovane." "Vorrei fare qualche cosa per la gente indiana. Che mi può suggerire?" Senza esitare, Gandhi rispose, "La mia gente ha bisogno di tante cose. Ma la cosa più urgente di tutto è di combattere l'analfabetismo." Questi riprese un sorso di tè nero e guardò la mia prozia negli occhi. "Il novantacinque percento degli adulti non sa né leggere né scrivere. Senza istruzione l'India non può diventare un grande paese come gli Stati Uniti." A questo punto, la persona più famosa della terra si alzò e guardò attraverso una finestra la campagna dove un contadino lavorava duramente. Poi le disse, "Per aiutare quel contadino, vada nei villaggi dove abita la maggior parte della mia gente e crei scuole. Insegni agli adulti a leggere e a scrivere. Loro potranno poi insegnare ai loro figli." Gandhi tacque un momento poi fece un segno per indicare che l'incontro era terminato e lui voleva pregare. Per qualche minuto tutti i due bevvero il resto del tè senza dire una parola.

Durante gli anni che seguirono, la mia prozia fondò un'organizzazione non governativa che si chiamava Literacy House. La sede era a Lucknow, India, e somigliava a un piccolo collegio dove i leader dei villaggi di tutta l'India venivano per due settimane per imparare a leggere e a scrivere nelle loro lingue. Poi ritornavano ai propri paesi con una lampada a petrolio, una lavagna, e due o tre libri per insegnare agli altri adulti le lezioni fondamentali sulla salute e sull'agricoltura. Il motto era "ciascuno insegni ad ognuno".

Nel giro di 25 anni, questa organizzazione insegnò a migliaia e migliaia di adulti indiani. Verso la fine della sua vita, Welthy Honsinger Fisher ricevette molti onori, incluso una gita di ritorno in Cina come ospite del governo cinese. Ricevette anche il premio Magsaysay, il premio Nobel dell'Asia, e fu creato un francobollo indiano con la sua effigie. Veramente una vita incredibile! La signora Fisher si spense nel 1980 all'età di 101 anni.

~ **Fine** ~

8

La vacanza dolce-amara

Verso la fine di maggio 2013, io e la mia famiglia (mia moglie, Jessica, e mio figlio, Alessandro) abbiamo progettato un viaggio attraverso alcuni parchi nazionali dell'ovest. Questo viaggio ha avuto dei retroscena a volte dolci a volte amari.

Una vista del parco Nazionale del Grand Canyon

Tutto è cominciato il 22 maggio con un volo da Washington a Las Vegas con scalo a Minneapolis. Abbiamo passato i primi due giorni e due notti a Las Vegas prima di riprendere la strada per il Hoover Dam e il Parco Nazionale del Grand Canyon. Durante la terza giornata al Grand Canyon, mia moglie ha preso una severa caduta che le ha causato una frattura sia della gamba sinistra sia del piede destro.

Come potete immaginare gentili lettori, questo incidente ha rovinato i nostri piani.

I miei figli: Christina, Alessandro e Larissa

Il giorno seguente, mia moglie è stata sottoposta a un intervento chirurgico dopodiche' è stata ricoverata in una clinica con una prognosi di due settimane. Mentre lei era ricoverata, io e mio figlio, Alessandro, abbiamo proseguito il giro attraverso i parchi nazionali. Questo ci ha dato la possibilità di bellissimi momenti insieme di complicità come non era capitato prima.

~Fine~

9
Una breve biografia di Primo Levi

Primo Levi nacque a Torino il 31 luglio 1919 nella casa dove abitò tutta la vita. Suo padre si era laureato in ingegneria elettronica e sua madre era casalinga. Nel 1921 nacque sua sorella Anna Maria a cui Primo fu legatissimo tutta la vita. Frequentò le scuole elementari e il liceo a Torino e nel 1941 si laureò in chimica all'università della stessa città.

Dopo essersi laureato, lavorò a Milano presso una fabbrica svizzera di medicinali. Nel luglio 1943 il governo fascista cadde e in settembre le forze armate tedesche occuparono il nord e il centro Italia. Levi si unì a un gruppo partigiano operante in Val d'Aosta, ma all'alba del 13 dicembre fu arrestato con altri due compagni nelle montagne vicino a Torino e mandato nel campo di concentramento di Fossoli.

Nel febbraio 1944, il campo di Fossoli venne nelle mani dei tedeschi, i quali mandarono Levi e altri prigionieri ad Auschwitz, su un convoglio ferroviario. Levi attribuì la sua sopravvivenza ad una serie di circostanze fortunate: conosceva un po' di tedesco, godeva buona salute prima di entrare nel Lager, di tanto in tanto un operaio italiano gli dava della zuppa e, verso la fine, lavorò in un laboratorio chimico dove poteva anche riscaldarsi. Dopo la guerra, Levi scrisse "...C'è Auschwitz, quindi non può esserci Dio. Non trovo una soluzione al dilemma. La cerco, ma non la trovo."

Nel gennaio 1945, fu liberato dalle truppe russe e visse per qualche mese a Katowice, in un campo sovietico di transito dove lavorò come infermiere. In giugno, iniziò un viaggio di rimpatrio di sei mesi. Questa esperienza Levi la racconterà più tardi nel libro intitolato 'La Tregua'.

Nel 1946, scrisse il primo libro sul Lager intitolato 'Se questo è un uomo'. Levi presentò il manoscritto alla casa editrice

Einaudi, ma la proposta venne declinata con una formulazione generica. Successivamente, il libro venne publicato nel 1947 in 2500 esemplari dall'editore De Silva. Nello stesso anno, si sposò con Lucia Morpurgo e accettò un posto di chimico in un laboratorio presso la Siva vicino a Torino. Visto che '*Se questo è un uomo*' aveva avuto scarso successo, si dedicò esclusivamente alla professione di chimico.

Due ritratti di Levi: un libro e francobollo

Nel 1956, 'Se questo è un uomo' fu pubblicato dall'editore Einaudi nella collana "*Saggi*", e da allora non cesserà di essere ristampato e tradotto in molte lingue. Incoraggiato dal successo di '*Se questo è un uomo*', iniziò la stesura di '*La Tregua*'. Da allora in poi, Levi divise nettamente la sua vita in tre settori: famiglia, fabbrica e scrivere.

Nel 1965, tornò ad Auschwitz per una cerimonia commemorativa di cui scrisse, "Il ritorno fu meno drammatico di quanto possa sembrare." Diciassette anni più tardi, nel 1982, fece una seconda visita che fu molto diversa. Lui scrisse, "Eravamo in pochi, l'emozione questa volta è stata profonda."

Durante gli ultimi 25 anni della sua vita, scrisse più di dieci libri inclusi saggi, racconti e poesie e vinse tanti premi letterari. Morì l'11 aprile 1987 nella sua casa di Torino. Si dice che fosse un suicidio.

~ Fine ~

L'autore quando aveva 5 anni

L'autore con Brooklyn, la prima nipote a tre mesi

Racconti inventati

1
Una morte a Roma

Parte prima: Incontriamo Andrea e Francesca

Andrea De Salvo era italo-americano nato nei pressi di New York negli anni '80. All'età di 25 anni, aveva vinto una borsa di studio per frequentare un corso di biochimica alla Sapienza con il famoso ricercatore Giorgio Fiorini. Durante quell'anno a Roma, fece la conoscenza della bella signorina Francesca Lombardi, anche lei studentessa alla famosa università. Francesca studiava letteratura italiana ma, nel suo cuore, voleva diventare farmacista.

Andrea e Francesca si frequentarono per quasi sei mesi prima del primo bacio. Il guaio era che la mamma di Francesca era una vecchia signora napoletana e aveva un'idea molto rigida sul comportamento che i due innamorati dovevano tenere. Così, ogni volta che i giovani andavano al cinema, a un concerto o nel parco per una passeggiata, la mamma li accompagnava. All'inizio, Andrea non poteva neanche tenere la mano di Francesca senza che la mamma gli desse uno sguardo cupo e minaccioso.

"Dai, mamma," aveva detto la figlia tante volte. "Lasciami stare. Perché non puoi permettere che Andrea mi dia un bacio? Non è che voglia toccare il mio prezioso seno. Vogliamo soltanto stare insieme per un po' di tempo da soli."

La mamma rispondeva sempre allo stesso modo. "Per me, non m'importa quello che fa lui. È il giudizio del buon Signore che conta. E Lui sa tutto e vede tutto. Io sono soltanto un'umile serva di Dio che vuole vedere sua figlia in paradiso insieme con me --non tuo padre-- con la mia carissima mamma e la mia bisnonna materna! Che Dio vi benedica!" Poi, faceva sempre il segno della croce.

Così andava avanti la vita, a volte dolce e a volte amara,

fino a quando la mamma si ammalò. Forse era stato il volere di Dio; forse anche Lui era stanco di non vedere la cara Francesca fra le braccia di Andrea. Per fortuna, non era niente di grave, ma almeno per pochi giorni la mamma non poté lasciare la casa. Questo diede finalmente ad Andrea l'opportunità di essere solo con la sua amata.

"Francesca, cara," le disse Andrea al telefono. "Domani, dopo la tua ultima lezione, potresti incontrarmi sul Gianicolo? Ho qualche cosa di molto importante da dirti."

"Puoi dirmelo adesso?" Gli ha risposto. "Non posso aspettare tanto
tempo."

Il busto di Lauro sul Gianicolo

"No," disse lui. "Voglio che mi raggiunga sul Gianicolo, vicino al busto di Lauro deBosis. Là, ti dirò tutto. Nel frattempo, ti racconto alcuni dettagli della vita di questo Lauro. Questi non è ben conosciuto dalla maggior parte del popolo italiano, perchè ebbe vita breve ma interessante. Nacque a Roma nel 1901 da madre americana e padre italiano. Così, anche lui era italo-americano come me. Studiava chimica all'Università di Roma ma, come te, amava molto la letteratura, soprattutto la poesia."

48

Andrea tacque per un momento. Il cuore gli batteva mentre pensava a quello che voleva dire al suo amore. Poi riprese il racconto. "Da giovane, Lauro deBosis scriveva poesie e traduceva dal greco antico alcuni dei grandi scrittori greci. Nel 1928 vinse il primo premio per la poesia alle Olimpiadi e per qualche tempo fu ambasciatore culturale del governo fascista. Nel giro di pochi mesi, diventò deluso dal governo di Mussolini e morì durante un tentativo pericoloso di destare il popolo italiano dal suo torpore politico. Dopo la guerra, il nuovo governo scolpì un busto di Lauro e lo pose sul Gianicolo in suo onore insieme a molti altri eroi della storia italiana."

Andrea non voleva annoiare Francesca ma per lui era molto importante che lei conoscesse la storia di questo italo-americano. Forse il coraggio di Lauro avrebbe ispirato il fragile cuore di Andrea a dirle quello che doveva. Continuò, "A scuola conoscevo un parente di Lauro e così so un po' della sua vita. Per quanto io ne sappia, Lauro deBosis è l'unico cittadino italiano del 20° secolo ad aver ricevuto l'onore d'un posto sul Gianicolo."

Francesca rimase turbata da questo racconto. Non sapeva che cosa aspettarsi. Era possibile che lui volesse baciarla? Era possibile che voleva fare di più? Forse c'era un posto nascosto vicino al busto di Lauro... era troppo eccitata per parlare. "Devo lasciarti, caro," gli disse. "Devo correre ad aiutare mia mamma." Era una bugia o la verità? Non lo sapremo mai, gentili lettori. Se pensate che il titolo di questo racconto si riferisca alla morte di Lauro deBosis, siete in errore, dovete continuare a leggere!

Prima dell'incontro più importante della sua vita, Francesca non poté dormire neanche un momento. Finalmente, il giorno arrivò, e dopo aver assistito alla sua ultima lezione all'università, che trattava del 23° Canto dell'Inferno, la ragazza si recò al Gianicolo; dopo averlo cercato per mezz'ora, trovò il busto di Lauro nascosto all'ombra di un pino. Accanto al busto, Andrea era inginocchiato e con un sorriso splendido le disse, "Francesca, gioia della mia vita, amore del mio cuore, la più bella signorina di tutto il mondo, ti prego, posso prendere la tua mano in matrimonio?"

Senza dire una parola, Francesca corse verso di lui e s'inginocchiò anche lei. Senza esitare un momento, Andrea le baciò le belle e vergini labbra, un lungo bacio tanto delizioso quanto un lungo sorso di vino bianco primaverile. Finalmente, dopo aver ricevuto cento baci da Francesca, questa semplicemente gli disse "sì."

Parte seconda: le nozze e la luna di miele

Le nozze si svolsero in una vecchia chiesa vicino al cimitero protestante. "Mi piace tantissimo questa cerimonia," pensò ad alta voce una giovane nipote della mamma di Francesca. Poi, con un fazzoletto in mano, aggiunse: "Mi fanno sempre piangere. E mi piace tanto piangere." Alla fine della cerimonia quando Andrea potè baciare la sua nuova moglie per la prima volta, la nipote svenne e cadde per terra "come un corpo morto cade", come dice Dante.

Come potete indovinare gentili lettori e lettrici, il ricevimento ebbe luogo sul Gianicolo proprio vicino al busto di Lauro. Fu un ricevimento favoloso e affollato, con tanti amici e parenti di tutti e due le famiglie. I genitori di Andrea arrivarano dagli Stati Uniti insieme con cugini, zii, nipoti e altri parenti troppo numerosi da elencare. Era ovvio a tutti che il padre di Francesca, un umile commerciante dei sobborghi di Roma di nome Marco, aveva fatto tutto il possibile per festeggiare la bella figlia. Quello che non sapeva invece nessuno era che il padre non avrebbe dovuto spendere tanti soldi perché la sua piccola impresa era quasi in fallimento. Ma lui era un uomo orgoglioso e, possiamo dire, un po' stupido perché all'ultimo momento, invece di organizzare un ricevimento piccolo e modesto nell'appartamento dei suoi genitori non tanto lontano dal Colosseo, prese in prestito una grossa somma da un amico mafioso. Che Dio lo benedica!

Per fare una grande impressione ai genitori di Andrea De Salvo, fece una seconda stupidaggine anche più seria della prima: chiese in prestito del denaro dallo stesso amico, corrotto e pericoloso, per poter regalare agli sposi un piccolo appartamento in via Lorenzo, a pochi passi dal Vaticano. Non posso dirvi gentili lettori e lettrici quanti guai sono arrivati alla soglia di questo appartamento carino, dove i novelli sposi andarono ad abitare dopo una lunga luna di miele felicissima attraverso alcuni parchi nazionali dell'ovest degli Stati Uniti (tutto pagato dal padre di Andrea, grazie al cielo).

Allo stesso tempo, non ho bisogno di raccontarvi tutti i dettagli di questa vacanza sia straordinaria che difficile. Immagino che voi possiate indovinare che durante la terza giornata al Grand Canyon, Francesca Lombardi cadde e si fratturò la gamba sinistra in due posti. Il giorno seguente, si sottopose a un intervento chirurgico dopo il quale fu ricoverata in una clinica con una prognosi di due settimane di degenza. Come potete immaginare, questo sfortunato incidente aveva rovinato tutti i piani per la fine della luna di miele. Ma quando c'è un amore come quello di Andrea per Francesca, un piccolo incidente in un parco nazionale americano non importa niente; infatti, rese l'amore fra loro più forte che mai. Così succedono le cose in un mondo di fantasia, non vi pare?

Parte terza: la vita nuova a Roma

Rientrati a Roma, i novelli sposi cominciarono a vivere una vita nuova ed eccitante. Andrea finí gli studi presso il reparto di biochimica e cominciò a frequentare un corso di studi nella facoltà di medicina. Sì, voleva diventare medico. Allo stesso tempo, la nostra cara Francesca aveva smesso di studiare la letteratura italiana e seguiva un corso di studi per diventare farmacista. Tutti e due sognavano di emmigrare un giorno in America, dove poter avere una vita felice in un paese dove le strade sono lastricate d'oro.

Quando non studiavano, questi amanti studiosi invitavano i loro amici più intimi a festeggiare i sabato sera al loro appartamento in via Lorenzo.

Visto che nessuno dei due lavorava, per pagare per queste feste indimenticabili, dovevano prendere in prestito qualche soldo dal padre di Francesca (questo, sfortunatamente, a sua volta, doveva recarsi dal suo amico mafioso perché non sapeva mai dire di "no" alla sua bellissima figlia).

Anche se l'appartamento degli sposi era piccolo, era ben arredato. Inoltre, si trovava al quinto ed ultimo piano dell'edificio. Questo significava che si poteva, grazie a una scalina nascosta, raggiungere un piccolo terrazzo privato con una bella vista su tutte le chiese e i monumenti famosi di Roma, soprattutto la bella basilica di San Pietro.

Un giorno quando Francesca lavorava ancora all'università, Andrea era solo all'appartamento. Fuori faceva caldo e lui voleva abbronzarsi sul terrazzo. Mentre prendeva il sole in costume da bagno, sentí una lite rumorosa sul terrazzo accanto al suo. Due uomini, uno più o meno della sua stessa età e l'altro invece più anziano, sulla quarantina. Andrea non poteva vederli bene ma sentí uno dei due gridare, "Non dire questo. Non è affatto vero." Era l'uomo più anziano che parlava. Era vestito con una camicia bianca a strisce verdi e pantaloni scuri, e aveva un orecchino all'orecchio sinistro. Più tardi, quando Andrea ne aveva parlato con un poliziotto, aveva dimenticato di menzionare quest'ultimo particolare. Ma la camicia bianca a strisce verdi, quella sí.

"È vero. È vero!" Urlò il giovanotto. Andrea era sicuro di aver sentito così. "Ti ho visto con quella signora, quella puttana."

"Se lo dici di nuovo, ti giuro, ti ammazzo." Aggiunse sempre più esasperato l'uomo più anziano.

Andrea cercava di non ascoltare questa lite sgradevole. Ma, sfortunatamente, era un testimone inesorabile. Mentre guardava i due uomini sul terrazzo accanto, non più di 20 m di distanza -- mentre guardava con gli occhi spalancati, il vecchio estrasse una pistola e sparò al giovane. Questo cadde come un corpo morto cade, come sanno tutti. Mentre il rumore della pistola echeggiava attraverso le chiese e i monumenti romani (anche attraverso le orecchie di Andrea), l'uomo più grande con una camicia bianca a strisce verdi, adesso coperta di sangue, fissò per un momento, e solo un momento, gli occhi spalancati di Andrea. Fu soltanto un istante ma fu sufficiente ad Andrea per capire di aver visto per la prima volta in vita sua, la faccia del diavolo. Allo stesso tempo, Andrea si accorse che l'assassino malignoso lo osservava.

Subito dopo che il giovanotto cadde, il vecchio svanì. Per un attimo, prima di scomparire, Andrea e il vecchio si erano scambiati delle occhiate. Mentre guardava il giovane studente di medicina, l'assassino aveva gridato parole che Andrea non potrà mai dimenticare, "Non dire mai niente a nessuno, ragazzo. Ricorderò la tua faccia per sempre." Poi aggiunse, "Posso ammazzare anche te."

Parte quarta: arrivano i poliziotti

Andrea rimase paralizzato per un momento sul terrazzo. "Non so che cosa fare," disse tra sé. Era terrorizzato. "Quel vecchio ha detto di non dire niente a nessuno. Non voglio essere un eroe." Poi pensò a Lauro e questo pensiero gli diede coraggio. "Devo fare il mio dovere. Per l'Italia, per Francesca." Poi, tutto ad un tratto, pensò al povero giovanotto che era stato ucciso. "Dio mio!" Disse Andrea ad alta voce mentre guardava l'altro terrazzo dove il ragazzo giaceva per terra. Senza muoversi. "È possibile che sia morto? Devo affrettarmi a telefonare ai poliziotti."

Andrea scese la scaletta in fretta e andò al telefono. Con la voce tremante, gridò al poliziotto, "È morto. È morto! L'ho visto proprio con i miei occhi. Lui ha sparato a un giovanotto." Per fortuna, Andrea si esprimeva già abbastanza bene in italiano. Come tanti americani della sua età, era ancora immaturo e incapace di pensare chiaramente quando c'era un pericolo. Allo stesso tempo, aveva paura per la sua vita. Dopo un momento, aggiunse al telefono, "L'assassino ha detto che avrebbe potuto ammazzare anche me. Che posso fare?" Era una cosa stupida da dire. Andrea stava pensando soltanto a se stesso e non al poveretto che stava giacendo sul terrazzo sopra.

Quando i poliziotti arrivarono una mezz'ora più tardi, scoprirono che il giovane era già morto, gli avevano sparato due volte: una volta nella pancia e una volta nel cuore. "Che cosa ha visto, Americano," chiese con un accento napoletano un tenente basso e grasso. Era ovvio che aveva mangiato troppa pizza. "Può darmi una descrizione dell'assassino? Alto, basso, abbronzato, vecchio? Nessun dettaglio?"

"Non so," disse Andrea. "Tutto è successo così in fretta." Tacque un momento poi disse la prima cosa che gli venne in mente. "Mi sono sposato pochi mesi fa con una bella ragazza italiana… Ma… Sono tanto terrorizzato in questo momento che non riesco a pensare chiaramente." Guardò il poliziotto come se fosse l'assassino, poi trattenne un respiro profondo. "Deve sapere che sono italo-americano, di madre americana e padre italiano, e in questi giorni sono soltanto un umile studente di medicina. Voglio vivere qui in Italia in pace e non voglio disturbare nessuno. Mi sono messo il costume a bagno e sono andato sopra soltanto per abbronzarmi per un momento mentre la mia sposa sta fuori casa a studiare per diventare farmacista… Ma…" Andrea non aveva mai parlato così in fretta e adesso non poteva neanche ricordare la domanda che aveva fatto il tenente.

In quel momento, arrivò la sposina. Tutto ad un tratto Andrea divenne più rilassato e mentre teneva la mano di Francesca, disse a tutti, "Adesso posso ricordare qualche dettaglio di quell'assassino. Era vestito con una camicia bianca a strisce verdi. E aveva un orecchino." Prima che il tenente potesse chiedere su quale orecchio, Andrea aggiunse, "Non posso ricordare bene quale orecchio. Forse era l'orecchio sinistro."

"Che assassino? Che orecchino?" Strillò la bella sposa. Era arrabbiata. "Che è successo nella mia casa privata? Che ci fanno tutti questi poliziotti nel mio salotto?" Visto che suo padre aveva pagato tutto per l'appartamento, lei sempre diceva "La *mia* casa, il *mio* salotto" invece di dire "La nostra casa, il nostro salotto". Questo non piaceva ad Andrea ma che avrebbe potuto dire? Era la verità. Invece di discutere questo punto irritante con la giovane moglie in questo momento, le raccontò tutti i dettagli del suo pomeriggio sul loro terrazzo.

Parte quinta: gli innamorati litigano

Dopo che i poliziotti furono partiti, Francesca cominciò a fare un sacco di domande irragionevoli al suo marito turbato. Era ovvio che lei era molto irritata. "Che cosa hai fatto oggi? Perché non studiavi come facevo io? Perché sei andato sul *mio* terrazzo?" Disse con un'enfasi non necessaria alla parola "mio". Questo fece arrabbiare Andrea. Invece di parlare del crimine e cercare di dare conforto l'uno all'altro, cominciarono a litigare. Sentimenti cattivi e pensieri maligni nascosti dai tempi delle nozze e della luna di miele uscirono fuori. Scambiarono parole che nessuno deve mai dire ad alta voce (o pensare) a uno sposo, soprattutto uno sposo novello.

"Mentre il mio padre carissimo ha pagato tutto per il matrimonio e ha pagato tutto per questo bell'appartamento mio," l'apostrofò, "il tuo ha pagato soltanto per il viaggio di nozze. Devo dire anche, piuttosto a buon mercato. Il più economico possibile!"

Andrea non poteva credere alle sue orecchie. Lei sapeva che i suoi erano piuttosto poveri. Suo padre non aveva lavorato per qualche anno a causa di una disabilità. Quando aveva 9 anni era stato colpito dalla polio e da allora in poi aveva zoppicato. Negli ultimi anni, aveva dovuto usare una sedia a rotelle per distanze lunghe. All'università, suo padre aveva seguito corsi di medicina. Nonostante avesse sempre eccelso, tutte le scuole di medicina avevano rifiutato di ammetterlo a causa della sua disabilità. Divenne, quindi, insegnante di matematica in un liceo pubblico. Recentemente, aveva cominciato a soffrire dei sintomi della sindrome post-polio!

"E tu," finalmente rispose rosso in viso a sua moglie (a dire la verità, aveva già sentito questi sentimenti più di una volta), "che hai fatto tu durante la nostra luna di miele? Invece di stare attenta a dove mettevi i piedi mentre eravamo al Gran Canyon, sei caduta e ti sei fratturata una gamba. Una stupidaggine! Una scemenza!" Era impossibile controllarsi. Non era mai stato così furioso in tutta la sua vita. "Chi ha mai sentito una stupidaggine simile? Chi si frattura una gamba durante una luna di miele? Forse era un atto subconscio per evitare di fare l'amore."

Era ovvio che non si conoscevano bene. Andare a un concerto o tenersi le mani in un parco non è sufficiente per conoscere l'altra persona. Bisogna vivere insieme, condividere la vita quotidiana con tutte le sue gioie e con tutti i suoi guai.

Continuarono a litigare tutta la sera e tutta la notte, ma nel bel mezzo di questo litigio, squillò il telefono.

"Pronto," rispose la signora. "Chi parla?" Silenzio. Poi: "Di' al tuo ragazzo che so dove abita." La voce bassa e crudele di un uomo. "So che si chiama Andrea. E se parla ai poliziotti, lo ammazzerò." Riattaccò.

Francesca era spaventata. Non aveva mai sentito una voce tanto crudele. Abbracciò suo marito. "O Andrea," lo baciò teneramente sulla bocca. "Ti amo amore mio. Non voglio perderti."

Parte sesta: guai in cielo

I baci non furono sufficienti. Malgrado fossero innamorati, la loro vita, da allora in poi, non andò avanti facilmente. Qualcosa cambiò nel loro matrimonio quel pomeriggio sul terrazzo. Forse Andrea non le aveva spiegato abbastanza bene quanto era stato terrorizzato dall'assassino. Forse Francesca era troppo chiusa in se stessa e troppo perduta nel suo mondo e non voleva pensare alla possibilità di perdere il suo carino appartamento.

Il giorno dopo l'omicidio sul terrazzo, senza dire neanche una parola a Francesca, Andrea andò alla stazione di polizia vicino all'appartamento. Essendo americano, Andrea credeva che fosse suo dovere spiegare il meglio possibile tutti i dettagli del crimine e fare qualsiasi cosa per aiutare i poliziotti a catturare l'assassino. Non pensò alla possibilità che uno dei poliziotti fosse corrotto. Non pensò alla possibilità che l'assassino potesse seguirlo per le strade romane. Non pensò alla possibilità che l'assassino potesse ammazzarlo all'ombra del Vaticano.

"Devi ritornare in America, ragazzo" gli disse un poliziotto alto e bruno con un accento romano. "Qui i criminali possono squarciarti la gola. La città è diventata troppo pericolosa per qualcuno come te. Perché non ritorni in America e ti prendi cura di tuo padre? Non è handicappato?"

"Come sa questo?" Disse Andrea tra sè. "O questi poliziotti sono più furbi di quello che immaginavo o hanno pagato qualcuno per queste informazioni. In ogni caso, devo scappare e nascondermi in campagna."

Quando ritornò all'appartamento, trovò sua moglie più arrabbiata che mai. "Dove sei stato?" Gli chiese. "No, non devi dirmelo. Posso indovinare. Sei stato dai poliziotti, non è vero? Non ricordi quello che ha detto l'assassino? Ti ammazzerà se parlerai con i poliziotti." Scoppiò in lacrime e corse nella camera da letto.

Una veduta del Colosseo

Andrea la seguì e cercò di calmarla. "No, è troppo tardi," gli disse con una voce fredda e senza tenerezza. Andrea non aveva mai sentito una voce così gelida. Poi la sposa aggiunse, "Non toccarmi. Non voglio le tue carezze. Lasciami in pace."

"No, dai, cara," le rispose. "Sai che ti voglio molto bene. Tu sei la cosa più bella e più importante nel mio mondo!"

"Adesso, sei il diavolo. Vattene via! Lascia questo appartamento, lascia la città, lascia il mio mondo prima che quell'assassino ti ammazzi!" Francesca mise la testa sotto un cuscino piangendo più forte che mai.

Andrea non sapeva cosa fare. Un umile studente di medicina in una città e in un paese lontano dalla sua casa e dai suoi; un paese, a dire la verità, di cui non capiva bene la cultura. Una lingua strana che non poteva parlare molto bene e con un suocero forse corrotto che non gli voleva bene.

"Com'è possibile che sia finito così?" Disse Andrea ad alta voce. "Sono venuto in questo bel paese e per fortuna ho trovato la più bella signorina di tutto il mondo. Ci siamo sposati soltanto pochi mesi fa e dopo una favolosa luna di miele siamo venuti qui per vivere in pace e in armonia. E adesso la mia cara Francesca non vuole che la tocchi. Dov'è il gran Signore?" Poi, anche lui scoppiò in lacrime. La sposa non poté sentire tutti questi bei sentimenti perché le sue orecchie erano coperte dal cuscino. Anche il suo cuore era chiuso.

Parte settima: Andrea scappa

Andrea non sapeva che fare. Si sentiva solo: solo nel suo appartamento, solo in una delle più belle città del mondo, solo in una patria, lontano dai suoi e dalla sua famiglia americana.

"Che posso fare?" Si domandò. "Non ho soldi, non ho amici e in questo momento, non ho neanche una moglie che mi voglia bene. Quel chè peggio, qualcuno vorebbe ammazzarmi. Devo scappare da questa città e trovare una strada giusta." Mentre pensava a tutto questo, camminava verso il suo posto preferito in tutta Roma: il Pantheon. Lì, fu possibile ricordare tutti gli eroi della storia romana e tutti quelli che erano sopravvissuti ai nemici e agli assassini più violenti di quello che aveva visto lui. All'ombra di questa magnifica struttura, c'era una piccola trattoria che si chiamava "Il Senato". Si accomodò nel fondo scuro della trattoria vicino alla porta posteriore, in caso fosse necessario fare un'uscita rapida.

Per fortuna, conosceva il cameriere che era assegnato alla sua tavola. Un giovanotto di nome Michele che studiava medicina con Andrea. Michele si accorse subito che Andrea era sconvolto da qualche cosa. Dopo un bicchiere di vino bianco, Andrea si sentì più a suo agio e cominciò a raccontare a Michele i dettagli della sua brutta giornata, incluso i dettagli dell'assassino con l'orecchino e la camicia bianca a strisce verdi. Michele capì subito. "Sai, Andrea, che la combinazione d'un orecchino e una camicia bianca a strisce verdi può

 indicare soltanto una cosa: la mafia." Poi, Michele raccontò che di tanto in tanto un gruppo di mafiosi veniva alla sua trattoria a progettare il prossimo omicidio. "Molto diabolico, molto brutto," disse Michele. "Ti consiglio di scappare dalla città il più presto possibile."

"Ma non ho soldi, non ho idea di dove andare," disse Andrea. "Mia moglie ha tutti i nostri soldi e tutto il potere nella famiglia. Non posso combattere la mafia da solo," scoppiò in lacrime. Era una scena molto triste.

In quel momento, e soltanto in quel momento, mentre i due amici parlavano della mafia e degli uomini che si vestivano sempre con la camicia bianca a strisce verdi e con gli orecchini all'orecchio sinistro, tre uomini alti, abbronzati e robusti entrarono nella trattoria e si sedettero ad una tavola vicino ad Andrea. Questi era così terrorizzato che non poté neanche finire il suo bicchiere di vino bianco. Fece finta di andare al gabinetto dove si incontrò con il suo amico, Michele.

"Michele," gli disse subito, "devo scappare dalla porta posteriore ma non ho soldi. Me ne potresti prestare tu? Ti giuro di ripagarti il più presto possibile. Nel frattempo, dammi il tuo numero di cellulare e cercherò di richiamarti ogni sera verso le sei." Andrea non poteva parlare più, aveva la bocca secca e il cuore che batteva 180 volte al minuto.

Per fortuna, fuori era già buio. Le strade erano quasi vuote e quando Andrea lasciò la trattoria dalla porta posteriore, anche i marciapiedi erano quasi deserti. Senza una meta definita, Andrea cominciò a correre dal Pantheon verso la piazza Navona. Lì, comprò della frutta e un pezzo di pane, poi riprese a correre lungo il corso Vittorio Emanuele, oltre la

Chiesa del Gesù e il Palazzo Valentini. Aveva paura di passare attraverso piazza Venezia ma non ebbe scelta. "Forse è meglio passare lungo la Via dei Fori Imperiali," si disse senza fiato. "Se posso raggiungere il Colosseo, ci sono i prati vicini e forse potrò nascondermi fra gli alberi e l'erba alta."

Ormai aveva corso quasi un'ora senza aver fatto colazione né cenato e senza neppure aver bevuto acqua, vino, o altro da molto tempo. Quando arrivò al Colosseo vide un bellissimo parco dal nome "Parco del Colle Oppio". Subito, crollò sull'erba verde e soffice e per un momento cadde in un sonno profondo.

"Aiutami, aiutami!" Qualcuno gridò molte volte. Andrea si svegliò e vide una signorina che correva verso di lui. Dietro di lei, un uomo di 30 o 40 anni, mal vestito con un bastone nella mano sinistra, la inseguiva. "Aiutami! Quel mascalzone vuole scipparmi o stuprarmi." Subito, Andrea si mise a correre verso la signorina e contro il mascalzone. Per fortuna, Andrea aveva giocato al football americano durante il liceo e sapeva bloccare qualcuno senza difficoltà. Il mascalzone non voleva combattere, così scappò il più rapidamente possibile in un'altra direzione.

"Oh, grazie, grazie," disse la ragazza che forse aveva 22 o 23 anni. Naturalmente, era molto bella. "Non saprei come ringraziarti," gli disse. "Posso fare qualsiasi cosa per mostrare la mia gratitudine." Andrea non poteva pensare chiaramente e, in quel momento, l'unica cosa che voleva era qualche cosa da mangiare.

Per fortuna, la signorina che si chiamava Paola, abitava vicino al parco in una bella casa (veramente una bella villa) sulla via delle Sette Sale. Paola invitò Andrea ad accompagnarla a casa sua per cenare e rinfrescarsi. Lui non avrebbe mai potuto trovare una famiglia così gentile e generosa in tutta Roma! Dopo una lunga e deliziosa cena, durante la quale spiegò qualche dettaglio della sua brutta giornata, i genitori di Paola lo invitarono a dormire nella camera degli ospiti fra lenzuola pulite. Andrea cadde nel letto e si addormentò subito, subito senza neanche un piccolo pensiero a sua moglie addormentata nel loro appartamento in un altro mondo.

Parte ottava: una nuova vita?

La mattina seguente, Andrea spiegò di nuovo tutto della sua vita in America, a Roma, alla scuola di medicina, del suo amore per Francesca, le loro nozze e anche qualche particolare della luna di miele attraverso i parchi nazionali dell'ovest. Poi, alla fine, raccontò anche di quello che era successo sul terrazzo e dell'assassino con una camicia bianca a strisce verdi. Tutto ad un tratto, il padre di Paola di nome Stefano cominciò a parlare.

"Io sono capitano delle forze di polizia. Capisco tutto di questi uomini che portano sempre un orecchino e una camicia a strisce verdi. Il tuo amico ha ragione: tutti questi appartengono alla mafia e sono molto pericolosi. Sono d'accordo con Paola che devi lasciare la città il più presto possibile. E per avere aiutato mia figlia, posso aiutarti a scappare dalla città."

Andrea non poteva credere alle sue orecchie. Ecco una famiglia ideale, con una bella e giovane figlia e un padre onesto e pronto ad aiutarlo! "Perché non ho potuto trovare una famiglia così qui a Roma invece di quella che ho trovato io?" Andrea disse tra sé e sé.

Mentre mangiavano la prima colazione in giardino, un altro membro della famiglia arrivò tutto agitato: il fratello minore di Paola che si chiamava Lorenzo. "Non potete indovinare quello che ho appena sentito in televisione!" disse.

Tutti si guardarono. "Di che cosa parli, Lorenzo?" gli chiese il padre. Lorenzo s'accomodò a tavola contento di essere al centro dell'attenzione. Aveva 15 anni e era un bravo studente a scuola, ma era difficile essere il figlio minore in una famiglia con la bella e brillante Paola.

"Che cavalo dici, ragazzo?" gli chiese Paola. A dire la verità,

Lorenzo odiava sua sorella e in privato la chiamava "P.P." per Paola Principessa.

"Soltanto," le disse Lorenzo, "che il tuo nuovo amico notturno, il tuo eroe del prato non è quello che sembra."

Stefano ascoltò questo scambio tra i figli senza dire una parola. Ma, finalmente, aprì bocca e disse a tutta la famiglia in una voce che apparteneva a un capitano della polizia, "Basta con questi discorsi, Renzo! Che hai sentito alla televisione?"

Lorenzo rispose subito. "Si dice che i poliziotti stiano cercando un italo-americano di nome Andrea che studia medicina alla Sapienza e che si è sposato con una fanciulla italiana famosa e ricca di nome Francesca Lombardi. Dicono che questo Andrea sia evaso dalla legge perché ha ammazzato qualcuno soltanto ieri." La faccia di Lorenzo era rossa e sudata. Non disse niente per un momento mentre cercava di calmarsi. Poi, "La polizia dice che questo Andrea sia armato e molto pericoloso. E per questa ragione, vorrei sapere perché lui sta qui in casa nostra e voi permettete che passi tutta la notte in camera degli ospiti fra lenzuola pulite."

Tutti erano sbalorditi a queste notizie. "Bugie, bugie," gli disse Andrea ad alta voce. "Come sarebbe possibile? Io sono un umile studente di medicina. Voglio aiutare la gente e non so neanche sparare con un fucile. Mi sono appena sposato con una ragazza che studia farmacia. Sfortunatamente, non piaccio a suo padre, che desiderava per lei uno sposo italiano ricco e famoso. Sua figlia, invece, ha scelto un povero americano che non sa ancora parlare bene l'italiano. Ho paura che questo maledetto suocero abbia divulgato tutte queste bugie in modo che sua figlia chieda il divorzio."

"Ti credo" gli disse Paola. "E vorrei fare qualsiasi cosa per aiutarti. Papà, che possiamo fare per aiutare Andrea?"

Stefano pensò per un momento. Poi, disse, "Stasera, dopo cena, dobbiamo travestirlo per nascondere la sua identità. Più tardi, lo porto alla stazione ferroviaria; conosco qualcuno che può trovare un posto su un treno che va al Nord dove nessuno lo riconoscerà. Può viaggiare tutta la notte e scendere dal treno all'alba nella campagna lontano da Roma, vicino al lago di Garda. Lì, non c'è mafia e potrà nascondersi fra i numerosi villaggi sulla riva del lago, come, per esempio, il bellissimo villaggio di Limone sul Garda."

*****

Malgrado il rumore del treno, Andrea dormì due o tre ore durante il viaggio verso il Nord. Poco dopo l'alba, il treno si fermò alla stazione ferroviaria di Verona dove Andrea scese per cercare qualche cosa da mangiare. Per caso, si sedette in un bar accanto ad un uomo tutto vestito in bianco. Era un medico. "Mi chiamo dottor Giorgio Lucciano," gli disse il dottore mentre si stringevano le mani. Il dottor Lucciano aveva una cinquantina d'anni, era ben vestito e sembrava un uomo molto colto. "Mi chiamo Andrea De Salvo," gli disse. "Sono italo-americano, studio medicina a Roma. Ero studente di medicina. Per il momento, mi trovo in vacanza."

"Come mai sei venuto qui a Verona?" gli chiese. Il dottor Lucciano aveva capito che Andrea era straniero e forse veniva dagli Stati Uniti. Andrea aveva una faccia americana e un accento molto americano.

"Cerco di evitare qualcuno che vuole ammazzarmi," Andrea non sapeva dire bene le bugie. "È una lunga storia ma non posso rimanere più a Roma dove mi sono sposato poco tempo fa con una bella signorina italiana." Andrea prese un sorso di caffè e studiò la faccia di questo dottore gentile. Poi continuò, "Adesso, devo nascondermi in qualche posto finché la polizia a Roma abbia catturato l'assassino che vuole farmi del male."

I due restarono seduti in silenzio per qualche minuto. Andrea mangiò un cornetto e prese un altro sorso di caffè nero. Poi il dottore gli disse, "Forse posso aiutarti. Lavoro in un ospedale qui vicino. È un ospedale ortopedico a pochi chilometri da qui, a Malcesine. Sono il primario del reparto di chirurgia, e se vuoi, posso darti un lavoro come assistente nel laboratorio di ricerche. Abbiamo bisogno di un altro assistente e puoi imparare un po' di medicina. Non posso offrirti un buon salario ma puoi vivere in un piccolo appartamento accanto al laboratorio e puoi mangiare a nostra mensa senza pagare."

"Che meraviglia! Che miracolo!" pensò Andrea tra sè. "Non posso credere alla mia fortuna! Non avrei mai pensato che ci fossero tante persone così gentili nel mondo!" Andrea accettò l'offerta e dopo aver mangiato, i due andarono insieme con la macchina del dottore lungo una strada secondaria sulla riva del lago di Garda. In macchina, il Dottor Lucciano raccontò un po' della sua vita. "Mi sono laureato in medicina a Milano e poco dopo la laurea mi sono sposato con una bellissima signorina francese di nome Jacqueline. Siamo venuti da queste parti per la nostra luna di miele, in un piccolo paese che si chiama Arco. Sta proprio a nord di questo bellissimo lago, il più grande lago in tutt'Italia." Il dottore smise di parlare per un momento mentre guardava verso il centro del lago. Poi, "Jacqueline s'innamorò di questo posto: il lago, Arco, le montagne, la gente. Aveva detto che era il posto più bello di tutto il mondo, anche più bello della Francia. Così, abbiamo deciso di comprare una casa qui vicino e ho trovato lavoro all'ospedale ortopedico. Durante gli anni '60 e '70, quest'ospedale era il centro per trattare i pazienti che erano stati colpiti dalla polio. Per due anni, tutto andò bene. Potevo fare la chirurgia durante il giorno e rimanere con la mia sposina tutta la notte. Siamo stati benissimo. Ero l'uomo più felice del mondo."

Un'altra pausa mentre il dottore guardava le onde del lago. Durante gli ultimi dieci minuti, la sua voce era diventata triste e parlava sempre più piano. Finalmente, continuò la sua storia, "Un giorno, ritornai a casa per cena. Jackie non c'era. Non aveva lasciato un biglietto. Chiamai tutti i nostri amici. Avevo pensato che forse visitasse qualcuno o facesse la spesa. Niente. Nessuno sapeva niente. Come puoi immaginare, ero molto preoccupato. Alla fine, andai nel giardino dietro la casa e lì fra i cespugli trovai il suo corpo esanime. Fù il momento più orribile in tutta la mia vita."

Andrea non poteva credere alle sue orecchie. Come mai quest'uomo così gentile aveva deciso di raccontare tutti questi particolari della sua vita a uno sconosciuto? Dopo un momento, continuò con la sua storia, "La polizia venne per fare le indagine. Un vicino disse che aveva visto un uomo alto e bruno e sconosciuto picchiare la signora Lucciano nel giardino. Per caso, il vicino aggiunse che costui portava una camicia bianca a strisce verdi e aveva un orecchino d'oro all'orecchio sinistro." Andrea rimase sbalordito. Com'era possibile che la mafia avesse anche toccato la famiglia di questo medico così lontano da Roma?

"Perché qualcuno picchiò sua moglie?" gli domandò. "È una lunga storia," disse il medico. "Sembra che anni prima, io avessi fatto un intervento chirurgico molto difficile su un amico di quest'uomo. Sfortunatamente, l'intervento non era andato bene. Ammazzare mia moglie era la sua vendetta. Adesso, il lavoro è la mia vita." Andrea non poteva credere alle sue orecchie ma non disse niente delle sue avventure e dell'assassino a Roma. Come era possibile che la vita di questo uomo gentile fosse stata colpita dagli stessi mafiosi che avevano rovinato la sua e il suo matrimonio.

Parte nona: la vita di un fuggitivo

Andrea si sentiva sicuro in quest'ospedale sulla riva del lago: la mattina faceva delle ricerche semplici nel laboratorio del dottor Lucciano, poi c'era una lunga colazione alla mensa insieme a medici, infermiere e altri impiegati; il pomeriggio accompagnava i medici negli ambulatori dove facevano diagnosi e cure. "La vita d'un medico è molto interessante e piacevole qui in Italia," Andrea disse a se stesso. "Mi piacerebbe venire qui dopo la laurea. Forse piacerebbe anche a Francesca che può fare la farmacista in questo posto." Per essere onesto, questa era la prima volta che Andrea pensava alla sua sposa a Roma. Lei gli mancava --soprattutto il sesso-- ma era ancora spaventato all'idea di ritornare al loro appartamento. Poi, tutto ad un tratto, la sua vita cambiò.

Un giorno dopo una lunga giornata a lavoro nel laboratorio del Dottor Lucciano, Andrea fece una piccola passeggiata attraverso il villaggio di Malcesine. Non aveva mai pensato a niente in particolare quando improvvisamente vide un uomo basso e bruno in fondo alla strada. Questi portava una camicia bianca a strisce verdi! "Com'è possibile?" Andrea si domandò. "Questi maledetti uomini sono dappertutto. Devo scappare un'altra volta! Spero che il Dottor Lucciano possa aiutarmi."

"Forse fa una vacanza qui a Malcesine," disse il dottore. "I laghi al Nord dell'Italia sono molto popolari tra i mafiosi. Comunque, non mi spaventano più questi tipi, ma ti consiglio di lasciare il villaggio. Telefona stasera alla tua sposa. Forse i poliziotti hanno catturato quelli che vogliono farti male."

Fu un'idea molto saggia. "Tesoro, tesoro mio," cominciò Andrea quando sentì la voce di Francesca. "Non posso dirti quanto ti amo e quanto mi manchi," le disse con le lacrime agli occhi. "Voglio tornare da te il più presto possibile. Non m'importa se quell'assassino mi cerca ancora o no. So adesso che la cosa più importante della mia vita sei tu e sarai sempre tu!" Non poteva continuare a parlare a causa delle lacrime. Finalmente, parlò Francesca.

Lago Como e l'Hotel Belvedere Bellagio

"Caro, non preoccuparti. Ho buone notizie." gli disse con una voce calma e soave. "Un tenente dei poliziotti mi ha telefonato oggi. Ha detto che ieri mattina hanno catturato non soltanto l'assassino che hai visto tu ma più di altri 25 mafiosi che facevano una riunione qui a Roma." Andrea non poteva credere alle proprie orecchie. Che meravigliosa notizia! "Francesca, amore mio, abbiamo bisogno di una seconda luna di miele. Che ne dici?" le disse.

Francesca rispose, "Che bellissima idea! Non vedo l'ora di abbracciarti di nuovo e fare l'amore. Sei la persona più importante della mia vita." Tutto ad un tratto, un'idea geniale venne ad Andrea.

"Francesca," le disse, "che ne pensi di fare la nostra seconda luna di miele al Lago di Como. Conosco un albergo meraviglioso che si chiama Hotel Belvedere Bellagio. Se vuoi, posso affittare un posto per una settimana."

Rispose lei, "Benissimo! Lo conosco bene. Ci vediamo nell'atrio domani sera alle 8."

~ Fine ~

2
La statua sul Gianicolo

Tanti anni fa, quando avevo 22 anni, abitai a Roma per quasi un anno. Durante quel periodo, abitavo vicino a San Pietro presso la famiglia Rossi. Questa famiglia romana era molto colta e amava la storia italiana. In quei giorni, studiavo due materie: lingua italiana alla scuola Dante Alighieri vicino al Pantheon, e letteratura italiana all'Università di Roma. Di sera, la famiglia (marito e moglie) ed io, parlavamo durante la cena delle sfumature della lingua e degli scrittori italiani meno conosciuti. Qualche volta, discutevamo anche la storia italiana, soprattutto il periodo fascista.

Come il gentile lettore forse già saprà, il mio primo nome, Lauro, è un nome italiano. Ma, malgrado questo nome, non ho neanche una goccia di sangue italiano nelle mie vene. Sono stato chiamato Lauro per due ragioni: primo, perché Lauro de Bosis era primo cugino di mia madre e diventò famoso come antifascista; e secondo, perché nacqui pochi anni dopo la sua morte. La storia della vita di Lauro de Bosis è molto interessante così fu con grande entusiasmo che la raccontai alla famiglia Rossi una sera dopo la cena:

"Lauro nacque a Roma nel 1901 da madre americana e padre italiano. Così, era italo-americano. Sua madre e mia nonna erano sorelle e Lauro de Bosis e mia madre erano primi cugini. Nel 1929, de Bosis fu ideatore e creatore dell'Alleanza Nazionale, un movimento sovversivo contro Mussolini. Nell'ottobre 1931, fece un famoso volo su Roma durante il quale gettò volantini sul popolo 'come si getta pane su una città affamata' come disse lui. Morì dopo questo primo volo sulla capitale precipitando nel mar Tirreno o forse perché abbattuto dagli aeroplani fascisti. Nel 1945 dopo la guerra, il nuovo governo fece scolpire a Roma un busto di de Bosis sul

Gianicolo dove si trova oggi fra gli altri eroi della storia italiana."

Quando raccontai questa storia ai Rossi, questi vollero fare immediatamente una visita al busto sul Gianicolo. Così, vi andammo tutti insieme con la loro macchina e per la prima volta vidi, nelle ombre.

Erinnofilo di Lauro per il giorno della sua morte

attenuate dalla luce della sera, il busto di Lauro de Bosis accanto ai monumenti a Garibaldi e a Cavour.

Dopo quella sera, visitai quella statua sul Gianicolo ad ogni opportunità. C'era una bellissima vista di Roma dal busto e accanto ad esso c'era una panca. Quando non avevo lezione all'università, passavo tutto il pomeriggio a leggere un giallo o a studiare le lezioni su quella panchina.

Di tanto in tanto, durante queste visite a de Bosis, vedevo un vecchio operaio zoppicante che faceva, anche lui, le visite al busto. All'inizio, non ci feci molta attenzione, ma a poco a poco mi resi conto che le sue visite non erano che un pellegrinaggio. Metteva le mani con grande delicatezza sulla testa e poi, ad occhi chiusi, come fosse cieco, passava le mani sulla faccia, toccando il naso, gli occhi, e le labbra. E poi toccava i caratteri del nome -uno alla volta- che erano iscritti nel marmo alla base del busto: **L-A-U-R-O d-e B-O-S-I-S**.

Lauro poco prima del suo volo nel 1931

Un giorno trovai il coraggio di scambiare qualche parola con lui e a poco a poco diventammo amici. Lui si chiamava Alessandro Puccini ed era pensionato, ma quando era più giovane, aveva lavorato come assistente d'uno scultore abbastanza noto, Federico Massa. Manco a farlo apposta fu il suo maestro che fece il busto di Lauro. Durante gli anni '20 e '30, Alessandro fu un antifascista perché Mussolini aveva imprigionato suo zio. Alessandro era a Roma nella piazza di Spagna il giorno del volo di Lauro de Bosis.

Ricordò tutti i dettagli del volo: l'aeroplano era piccolo; arrivò al crepuscolo durante la passeggiata dei romani; volò a bassa quota e il pilota gettò volantini in tutte le piazze e per le strade principali.

Alessandro pensò che il volo su Roma durò 25 o 30 minuti e avesse un pilota ben esperto. Come l'altra gente, non conosceva il nome del pilota. Lesse con grande interesse un volantino che trovò per la strada e lo nascose nella sua casa.

Il messaggio antifascista del volantino e il coraggio del pilota gli diedero la speranza che c'era un gran movimento contro il fascismo e che presto, suo zio sarebbe stato liberato dalla prigione. Al contrario, Alessandro se ne renderà conto dopo qualche anno, che il movimento era piccolo e la maggioranza del popolo italiano appoggiava il governo fascista. Ma, durante tutto questo tempo, e anche durante la seconda guerra mondiale quando faceva il partigiano, Alessandro pensò sempre che Lauro de Bosis fosse un gran patriota e un eroe del popolo italiano. Dopo la guerra, quando il suo maestro ricevette la commissione di scolpirne il busto, Alessandro fu molto felice di assisterlo.

Un giorno, mentre godevamo la vista di Roma, gli raccontai la storia di de Bosis dal mio punto di vista e la storia dei miei parenti italiani e come successe che fui chiamato Lauro. Qualche volta, andavamo insieme in un bar a prendere un espresso e qualche cosa da mangiare. Altre volte, camminavamo per Roma, visitando posti preferiti da lui come Trastevere, il Pantheon e il cimitero protestante.

Un giorno, mi portò ad un suo vecchio posto di lavoro. C'erano due o tre scultori e una decina di operai che lavoravano su diverse sculture di ogni misura. Sfortunatamente, il suo maestro non c'era perché era diventato professore di scultura presso l'Università di Verona. Feci però la conoscenza di qualche vecchio operaio che era ancora amico di Alessandro. Per Alessandro era una giornata molto importante. Lui non vedeva questi amici da quasi tre anni. Mentre lasciavamo il posto, mi sembrava un po' triste. Poi, tutto ad un tratto, con una voce piena di emozione, mi disse, "Questi uomini sono i migliori amici del mondo. Abbiamo lavorato insieme per più di 10 anni. E prima di quello, eravamo tutti partigiani insieme nelle montagne vicino a Torino. Successe due o tre volte, che uno di loro mi salvò la vita. Dopo la guerra, per fortuna, abbiamo trovato lavoro insieme come assistenti di un piccolo gruppo di scultori."

Smise di parlare per qualche minuto. Continuavamo a camminare in silenzio. Come sempre, lui zoppicava, adesso forse più forte di prima. Poi, mi resi conto che piangeva. Finalmente, aggiunse " Quegli amici... quei bravi amici... quel tempo... quando lavoravamo o insieme proprio come fratelli... quei giorni erano i più felici della mia vita...poi, è successo tre anni fa. Ci fu un incidente grave sul lavoro. Una grossa scultura cadde sulla mia gamba. Da quel giorno in poi non non ho potuto lavorare più." Ancora silenzio e finalmente arrivammo alla sua casa. Dopo un breve saluto, andai verso la mia casa.

In genere, durante quel periodo del mio soggiorno a Roma, Alessandro ed io ci incontravamo sul Gianicolo presso il busto di Lauro de Bosis una volta la settimana, di solito mercoledì pomeriggio. Comunque, la settimana dopo la visita al suo posto di lavoro, lui non venne. Aspettai più di 3 ore, ma non vidi il mio amico zoppicante venire verso di me.

La settimana seguente, non apparve ancora. Ma vidi qualcosa che fù più sconvolgente della sua assenza. Il busto di Lauro era rotto al collo e la testa giaceva per terra. " Dio mio," mi dissi. " Chi ha fatto questo insulto a Lauro e alla lotta antifascista?" All'inizio, pensai che forse fosse stata l'azione di un vandalo. Poi ricordai un recente articolo sul giornale che descriveva attacchi in tutta l'Italia da neo-fascisti contro simboli del governo antifascista.

Non sapevo che cosa fare. Poi pensai a Alessandro." Lui ha lavorato col marmo. Potrebbe ripararlo senza problemi," pensai. Andai subito alla sua casa. La moglie, però, mi disse che lui era ammalato e non avrebbe potuto visitare il Gianicolo per tre o quattro giorni. Prima di partire la moglie sussurrò," gli darà un gran piacere riparare il busto di Lauro. Verrà il più presto possibile. Forse fra pochi giorni."

E proprio come avevo anticipato, la settimana seguente, quando ritornai al Gianicolo per la mia visita abituale, il busto era stato completamente riparato-- come niente fosse successo. Ad eccezione di una piccola lettera, la lettera 'A', scritta sul cemento ancora umido dove la testa era stata riattaccata al collo. " Bravo Alessandro," dissi. " Hai fatto molto bene!" Ma non vidi Alessandro in nessuna parte.

Tornai alla sua casa per ringraziarlo. Comunque, quando la moglie apparve alla porta, piangeva profusamente. "Alessandro è morto," disse e poi spiegò che lui era morto la sera prima-- cioè poche ore prima che il busto di Lauro fosse riparato.

~ Fine ~

3
Un viaggio a Paestum

Parte prima: Il viaggio in nave

Arturo McCann era un americano che abitò a Roma tanti anni fa. Aveva studiato archeologia all'Università della California e si era laureato nel giugno del 1923. Da bambino voleva diventare archeologo, così decise di studiare latino e greco in Italia per facilitare gli studi di archeologia. Era alto un metro e 80, era magro, aveva la faccia ben abbronzata e aveva capelli scuri e lunghi che gli arrivavano alle spalle.

La famiglia di Arturo era povera: suo padre era morto quando Arturo era ancora bambino e la madre soffriva di mal di schiena che le impediva di lavorare a tempo pieno. Vinse una borsa di studio e lavorava nella cucina dell'Università come lavapiatti. Era un buono studente e riceveva buoni voti, soprattutto nei corsi di archeologia e di lingue moderne.

Dopo la laurea, Arturo prese una nave da Nuova York a Genova-- un viaggio che durò 14 giorni. Prima di partire, ci fu una festa durante la quale parenti e amici gli avevano regalato tante belle cose: sua sorella gli aveva regalato una cravatta, sua zia gli aveva dato un impermeabile e il suo zio preferito $500 per aiutarlo con alcune spese all'estero. Durante il viaggio, accadde un incontro che distrusse quasi la sua giovane carriera. Arturo, però, non se ne accorse per qualche mese.

In quei giorni, era abbastanza ingenuo sia negli affari del mondo che nei rapporti con le donne. Quando studiava all'università, lavorava tanto diligentemente che non gli restava mai tempo per andare alle feste o uscire con le ragazze. Continuò a studiare assiduamente anche durante il viaggio in mare, ma di tanto in tanto, si concedeva un po' di tempo libero. L'equipaggio della nave organizzava a volte dei balli per i passeggeri. Il primo ballo ebbe luogo la terza sera del viaggio, all'aperto, sul primo ponte della nave. La notte era bella, il mare era calmo, e l'aria era calda. Inizialmente, Arturo non era molto propenso di andare al ballo perché non sapeva ballare bene e perché avrebbe preferito studiare il suo greco.

All'ultimo momento, però, decise di andarci forse con la speranza d'incontrare qualcuno che lo aiutasse con la lingua italiana. Si avviò così verso la pista da ballo e, mentre era assorto a guardare la gente ballare, sentì qualcuno sfiorargli la spalla. Si girò e vide una bella donna dai capelli neri annodati sulla nuca. Gli occhi scuri le brillavano come due stelle e il suo nome era Mirella.

Quasi subito, questa cominciò a parlargli in italiano perché pensava che Arturo fosse italiano; quando scoprì invece che lui era americano, cominciarono a parlare in inglese. Quella sera, ballarono poco e chiacchierarono molto.

Parte seconda: una serata in cabina

Arturo non aveva mai incontrato prima di allora una donna tanto bella e tanto intelligente, per cui s'innamorò di lei e passarono buona parte di ogni giorno insieme. Il ragazzo, però, non aveva ancora la certezza che l'amore fosse corrisposto. C'era, poi, il fatto che, di tanto in tanto, vedeva la ragazza in compagnia di un uomo più anziano di lei. Gli abiti di questi erano solitamente sporchi e una cicatrice lunga sotto l'occhio destro gli dava un aspetto furbo e ambiguo. Mirella aveva spiegato ad Arturo che questi non era un parente; era soltanto un amico di famiglia e lei lo chiamava il Signor Vizzo.

Una sera, pochi giorni prima dello sbarco a Genova, Mirella invitò Arturo a passare un po' di tempo nella sua cabina. Dopo aver acceso delle candele, lei versò del vino in due bicchieri e accese un giradischi per rendere l'atmosfera più piacevole con un po' di musica. Ballarono, chiacchierarono e si baciarono fino a mezzanotte, quando, tutto a un tratto, Mirella cominciò a spogliarsi. Arturo era confuso perché la madre gli aveva insegnato la modestia e gli aveva detto che si fa l'amore solo dopo il matrimonio. Mirella notò la sua esitazione per cui gli chiese:

"Arturo, che c'è? Sai che ti voglio molto bene."

Lui rispose, "Anch'io, ti voglio bene. Non sono mai stato innamorato così."

"Ti amo tanto che voglio amarti. Qui. Adesso. Con te e solo con te." Continuò a spogliarsi e lui notò nel buio che lei era ormai quasi nuda. Arturo era ancora più confuso. Era anche inebriato dal vino e dall'amore e la notte poi era bella, il mare era calmo, e la donna di fronte a lui incantevole e semi-nuda aspettava di essere amata. Le parole di sua madre, però, gli ronzavano nelle orecchie, e inoltre si chiedeva, "Qualche cosa non va bene. Perché tanta fretta? Forse questa ragazza è un po' leggera."

Arturo era ingenuo ma non stupido. Decise di andare via, baciò così la donna e le sussurrò nell'orecchio che era stanco e doveva rientrare in cabina. Nell'uscire, la sentì piangere. Due giorni dopo, la nave raggiunse il porto di Genova.

Prima dello sbarco, Arturo e Mirella avevano amichevolmente rivisti un paio di volte. Lei gli aveva chiesto scusa della sua leggerezza nella cabina e tutti e due si riproposero di rimanere amici. Mirella stava rientrando a Milano in famiglia e lui voleva andare a Roma dove sperava di trovare alloggio presso una famiglia della capitale. Mentre Arturo le dava l'ultimo bacio sulla guancia, si accorse che Mirella non era tanto bella quanto gli era sembrata prima, e inoltre sembrava più anziana.

Parte terza: Arturo nei guai

Tre giorni dopo, in seguito a un lungo e faticoso viaggio in treno, e dopo una decina di fermate, Arturo arrivò alla città eterna. Fu ospite della famiglia Vivante, che abitava vicino la basilica di San Pietro e, in poche settimane, cominciò gli studi all'università di Roma. Visto che non conosceva bene il linguaggio dantesco, Arturo dovè studiare intensamente e non ebbe molto tempo per fare altro. A poco a poco, con il passar del tempo, pensava sempre meno a Mirella e ai giorni felici che avevano passato insieme in mare.

Per fortuna, il signore e la signora Vivante avevano due figli che abitavano ancora in casa: un figlio di 14 anni e una figlia che ne aveva 18, tre anni meno di Arturo. Il ragazzo si chiamava Cesare e la ragazza Evalina. Con questi due giovani, Arturo poteva chiacchiare per ore e scambiare le lezioni d'inglese con quelle d'italiano. Di tanto in tanto, loro tre uscivano insieme per prendere un caffè o mangiare una pasta. Evalina era ancora giovane e innocente, ma era molto carina e aveva un bel corpo.

Sorprendentemente, Arturo ricevè una lettera da Mirella la quale parlava della sua vita in famiglia e del suo nuovo lavoro come segretaria di un medico. Non parlava affatto del loro viaggio in mare e non parlava del suo amore per lui. Fu solo alla fine che Arturo scoprì il vero scopo della lettera. Lei pensava di essere incinta, ma non ne era ancora completamente certa.

Arturo era sconcertato ed era anche certo di non essere lui il responsabile di quella gravidanza. Dopo tutto, l'aveva semplicemente baciata. Voleva parlare con qualcuno a riguardo, ma era un po' imbarazzato, e il signor Vivante era sempre occupato ed era spesso fuori. Così non poteva fargli delle domande a proposito. La signora Vivante non lavorava ma si preoccupava molto della casa e dei figli, soprattutto di Evalina. Arturo sospettava che lei pensasse che lui fosse innamorato di sua figlia. Così non sarebbe stato possibile parlarle di una cosa simile. E non aveva il coraggio di fare domande a Evalina.

Due settimane dopo la prima lettera, ne arrivò un'altra. Questa era stata scritta in fretta e diceva che Mirella era certa di essere incinta. Era disperata. Non parlava né di matrimonio né d'amore. Voleva procurarsi un aborto e non poteva rivolgersi alla sua famiglia. Che vergogna! A un certo punto diceva chiaramente, "Visto che tu sei il responsabile, devi aiutarmi con le spese dell'aborto. Costerà almeno $500: $150 per il dottore che eseguirà l'aborto illegale e $350 per vitto e alloggio in una casa lontano da Milano." Poi, più in là continuava, "... so che tu hai $500 perché mi avevi parlato di quel bel regalo che tuo zio ti aveva fatto. Devi mandarmeli al più presto possibile! Altrimenti..."

Povero Arturo! Che poteva fare? Era quasi impazzito! Sapendo di non essere responsabile di quanto veniva accusato, si risolse di scrivere una lettera risoluta alla sua accusatrice. Chiaramente diceva che non avrebbe pagato un intervento che avrebbe terminato la vita di una creatura di cui lui non era affatto responsabile.

Una settimana dopo aver mandato la lettera, si sentì un colpo secco al portone della casa della famiglia Vivante. Era il signor Vizzo della nave, "l'amico" di Mirella. Per caso e per fortuna Arturo si trovava solo.

"Sono venuto per chiudere un conto per la signorina Mirella," disse il signore in un tono piuttosto secco. Mentre parlava, Arturo non poteva fare a meno di notare che il signor Vizzo aveva una pistola sotto la giacca all'altezza della sua cintura. "Sa che la signorina ha un problema e non dovrebbe avere problemi del genere. Ha detto che lei l'avrebbe aiutata. Mi dia perciò i $500 che le aveva promesso. Se no, solo Dio sa che succederà." Questi diede un'occhiata alla pistola.

Per un momento, Arturo non potè emettere neanche una parola. Sotto la camicia sudava profusamente. Poi disse, " Non ho $500. Ho dato tutti i miei soldi alla famiglia Vivante per coprire vitto e alloggio." Rimaneva nervoso e parlava in fretta, mentre la bocca gli si era seccata. "Inoltre, io non sono il padre. Mirella mentisce. Non ho mai fatto l'amore con quella donnaccia."

Tempio dorico di Paestum

A questo, il signor Vizzo staccò la pistola dalla cintura e la pose contro la testa di Arturo. "Stia attento ragazzo a quello che dice! Mirella è una signorina per bene. Lei deve aiutarla o io l'ammazzerò. So benissimo che lei ha il denaro. Lei mentisce, signore. Posso sentirlo dalla sua voce."

Era vero. Arturo aveva mentito. Aveva ancora i $500 nella camera da letto. Ne aveva anche di più, avendo guadagnato un po' di soldi insegnando inglese ad amici della famiglia Vivante. Il signor Vizzo era più alto di Arturo e aveva un tronco robusto e le braccia fortissime. Era ovvio che lui era capace di combattere bene e anche di ammazzare qualcuno. Così Arturo decise di dargli i soldi. Fu il peggiore giorno della sua vita. Quella sera a cena era imbarazzato e depresso e non aprì bocca. Non sapeva come avrebbe potuto pagare i signori Vivante.

Parte quarta: La vita cambia corso
Due mesi dopo la visita del signor Vizzo, Arturo, insieme con un amico dell'Università che si chiamava Eduardo Durazzo, organizzò un viaggio nel sud d'Italia. Lo scopo del viaggio era di fare una visita ai luoghi archeologici di Paestum. Vent'anni prima, nel 1903, il famoso archeologo inglese, il dottor

Satherwaite, aveva scoperto una nuova colonna a Paestum e aveva, così, iniziato nuove ricerche e ottenuto altro denaro per gli scavi di nuovi tesori greci e romani. Quando Arturo ed Eduardo arrivarono, scoprirono-- contrariamente a quello che si aspettavano --che il luogo non solo era abbandonato, ma non c'era nessuno al controllo delle operazioni degli scavi. Per dormire, inoltre, non si trovava né un albergo né una pensione e non esistevano ristoranti all'infuori di una modesta trattoria per i turisti. Così, i due neo-archeologi si trovarono a dover dormire sotto le stelle e il giorno scavarono dove volevano.

Una mattina verso le 11, dopo una decina di giorni di lavoro duro, Arturo battè il suo piccolo martello contro qualche cosa di duro sei o sette cm sotto terra. Era in quel momento alla periferia della zona archeologica dove pensava che nessun'altra persona avesse mai scavato. Senza dire niente a Eduardo, cominciò a scavare rapidamente dove aveva colpito prima. Una scoperta del genere non era insolita. Molte volte negli ultimi giorni entrambi avevano toccato qualche cosa e la speranza di trovare qualche piccolo tesoro nascosto si faceva più viva. Ma sfortunatamente, ogni volta la scoperta consisteva in una roccia o in una moderna bottiglia di vino.

Questa volta, però, la cosa era diversa. In 15 minuti, Arturo aveva scavato un gran buco profondo di 1 m quadrato e mezzo in profondità. In fondo al buco, c'era un oggetto di circa 10 cm coperto di terra. Cosa poteva essere? Arturo non lo sapeva. Poteva essere un'altra roccia? Mentre il cuore gli batteva fortemente, lui ripulì l'oggetto coperto di terra e ne venne fuori una mano di marmo! La ripulì con uno straccio e vide, quasi subito, che era in buone condizioni-- o almeno in buone condizioni per un oggetto seppellito da almeno 2000 anni.

Arturo lo esaminò con cura. Senza dubbio, era una mano scolpita in tempi romani da uno scultore esperto. Le avevano tutte le dita e il resto della mano e 3 cm di polso rimanevano senza maggiori difetti. Infatti, si poteva dire che le condizioni erano straordinarie. Qualsiasi archeologo avrebbe potuto cercare tutta una vita senza mai trovare una cosa del genere. Né Arturo né Eduardo avevano idea di quanto potesse valere! Inoltre, a chi apparteneva tale oggetto: allo Stato, al museo archeologico di Napoli che aveva condotto tante operazioni di scavi a Paestum, o ad Arturo? A chi chiedere? Non c'era nessuno. Lui decise, così, di portarlo a Roma e porre la questione al suo professore di archeologia.

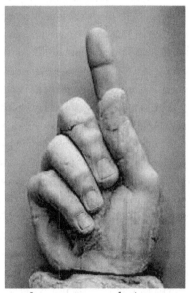

La mano scavata da Arturo

Al suo ritorno a Roma, comunque, gli era balenata un'altra idea. Invece di chiedere al suo professore, decise di cercare un negozio archeologico. Forse sarebbe stato possibile venderlo e guadagnarci un po'. Lui si rendeva conto che forse sarebbe stato illegale venderlo ma, allo stesso tempo, si disse,"Ho sentito che tanti archeologi e anche tanti turisti portano via dal paese tanti pezzi come questo. I musei hanno già un sacco di queste cose e non sentiranno la mancanza di un'altra mano." Mentre razionalizzava così, trovò un negozio vicino alla

Fontana di Trevi. Il negoziante, dopo averlo esaminato, disse che non aveva un gran valore. Visto che Arturo era un giovane archeologo e all'inizio della sua carriera, gli avrebbe fatto un favore, pagandolo al di sopra di quello che realmente valeva, $450 o $500 al massimo. Così, gli diede $500.

Arturo sapeva che il negoziante diceva una bugia. Forse valeva $1000 o $2000 o anche di più. Ma lui non aveva né scelta né tempo di fare il giro dei musei. Il suo anno a Roma era quasi finito: prima di ritornare in America doveva pagare i $500 alla famiglia Vivante per coprire vitto e alloggio. Così, mise i $500 in tasca e ritornò subito dalla famiglia Vivante per pagare il conto con i luridi soldi. Non disse niente a nessuno della sua avventura a Paestum. Fu un viaggio di vergogna.

Parte quinta: una nuova carrera
Quando ritornò in America decise di cambiare carriera. Invece di studiare archeologia, studiò letteratura italiana specializzandosi sull'influenza di Dante sugli scrittori moderni. Dopo essersi laureato, ritornò a Roma per seguire gli studi alla Sapienza. Cinque anni più tardi, si sposò con Evalina Vivante e durante la sua lunga carriera pubblicò più di una dozzina di libri e diventò uno dei grandi esperti dei romanzi moderni italiani. E ogni anno, insieme a Evalina e i loro cinque figli, faceva un viaggio a Paestum per ricordare la sua prima visita che aveva cambiato la sua vita.

~ Fine ~

4
Un piccolo morso dell'orecchio

Dopo la mia laurea tanti anni fa, abitavo a Roma. Durante quel periodo, studiavo letteratura italiana alla Università della Sapienza. Quando non frequentavo le lezioni, camminavo per chilometri e chilometri in giro per la città. Un giorno, per caso, mi trovai di fronte ad una grande chiesa, San Pietro in Vincoli, non molto lontana dal Colosseo. Questa bella chiesa antica dev'essere stata molto famosa perché dentro si trovava la grande ed importante scultura di Michelangelo chiamata "Il Mosé'". La figura di Mosé era d'un uomo vecchissimo e forse un po' triste e stanco. Aveva una lunga barba e due corna prominenti e sedeva su un grande trono cerimoniale. Michelangelo aveva reso la faccia e gli occhi così autentici che somigliavano a un uomo ancora vivo.

Anche seduto, lui era alto almeno quattro o cinque metri. Tutto-- incluse la figura e la sedia-- era scolpito in un marmo tendente al marrone. Visto che la scultura si trovava in un angolo buio, si dovevano pagare cinque lire per accendere una piccola luce debole che illuminava la grande testa e la barba per non più di 10 secondi.

Dopo quella scoperta, quasi ogni giorno, mi recavo lì per ammirare e studiare la famosa scultura, senza dire neanche una parola. Per me era una ricerca quasi religiosa e mi sentivo alla presenza di una forza e uno spirito che facevano parte dell'universo infinito.

Una volta, proprio mentre guardavo la statua, tutto a un tratto, udii un sussurro provenire da una voce molto profonda. Dapprima pensai che fosse la voce d'un turista. Poi pensai che fosse quella del custode. Ma la chiesa era completamente vuota con l'eccezione di Mosé ed io insieme in un angolo buio al fondo della chiesa. Poi, a poco a poco, la voce diveniva più forte. Perché la chiesa era buia, non si poteva vedere bene né la testa né la bocca della scultura. Camminavo verso l'entrata della chiesa. In quel momento non c'erano turisti e il custode si era allontanato per cercare una chiave per qualcuno. Ero così, rimasto completamente solo fra le scure ombre.

Il Mosé di Michelangelo ca. 1514

Poi, udii un secondo sussurro; ma questa volta era un po' più forte del primo. Una volta ancora, la voce era molto profonda. Ebbi la sensazione di non essere solo in quella chiesa grande. "Cosa poteva essere?" Mi domandai. Silenzio. Ero troppo terrorizzato per correre o proferire una parola. Dopo un momento, udii un altro sussurro. Questa volta mi sembrò di aver capito qualche parola, "CHE VUOI... RAGAZZO

MIO?..." Poi, in una voce piu' sottile, "Tu vieni ogni giorno...
Ma non... Non dici mai niente... Niente come gli altri...
Come gli altri turisti. COME MAI?"

Improvvisamente, senza che nessuno avesse toccato niente,
la luce vicino alla sua faccia si illuminò. Per la prima volta, vidi
Mosé abbozzare un sorriso. Era un sorriso piacevole e
benevolo che gli illuminava tutto il volto. Poi, disse, "Vieni da
me. Voglio dirti una cosa." Mentre cercavo di salire sulle sue
gambe, lui inclinò la sua grande testa verso la mia. A poco a
poco, le sue labbra si avvicinarono al mio orecchio. Ancora la
stessa voce profonda ripeté, "VIENI PIU' VICINO!... Ho una
cosa molto importante da dirti."

Ma cosa avrebbe potuto dirmi? Come stabilire la pace in
terra? Invece di fare il medico, meglio fare il prete?... No, non
disse nessuna di queste cose. Dopo un'attesa di secoli, seduto
sempre lì solo soletto in quella chiesa buia e fredda, lui era
diventato frustrato e solitario. Voleva soltanto stabilire un
contatto umano. In quel momento, quando il mio orecchio
toccò le sue labbra, invece di dirmi un gran segreto
dell'universo, mi morse portando così via un pezzettino del
mio orecchio! Si, proprio del mio orecchio!!

Non ricordo se avessi sentito un gran dolore o no.
L'orecchio sanguinò per giorni e giorni, poi lentamente guarì
spontaneamente.

Oggi, dopo tanti anni, soltanto io riesco a vedere la piccola
cicatrice che il famoso Mosé ha lasciato mordendomi
l'orecchio. Che pensate voi, gentili lettori, di questo
avvenimento?

~ Fine ~

5
La prima paziente

Parte prima: Due amici

Qualche volta quel che si desidera succede, anche se non
sempre nella maniera desiderata. Questo scoprì purtroppo
Roberto Vivante. Nell'estate del 1985 aveva 24 anni ed aveva
appena finito il secondo anno di medicina. Nel marzo di quello
stesso anno, incontrò Anna. Questa, fidanzata al suo amico
James, era alta e bruna, piena di vita, molto gentile e sempre
pronta al sorriso. Faceva l'avvocato e aveva quasi trent'anni.
Benché non la si potesse definire proprio bella, Roberto la
trovava carina ed affascinante. Anche se era più anziana di lui
e fidanzata col suo amico, s'innamorò di lei a prima vista.

Roberto e James erano amici da anni. Entrambi erano
cresciuti nei pressi di Gettysburg, Pennsylvania, non molto
lontano dalle montagne di Alleghany. Da piccolo, Roberto era
sempre stato forte e atletico, al liceo aveva giocato a calcio e
durante l'ultimo anno degli studi superiori era diventato
capitano della squadra di lotta libera. Sebbene James avesse
quattro anni più del suo amico, non era alto e robusto come
Roberto, che diventava sempre più gradito alle donne. Oltre
allo sport e alle donne, Roberto amava anche avventurarsi in
lunghi campeggi montani con gli amici, soprattutto con James.
Durante gli anni di liceo, i due amici solevano fare lunghe
passeggiate e dormire in campeggio almeno una volta al mese,
ma durante gli ultimi due o tre anni, era diventato sempre più
difficile trovare il tempo libero per farlo: Roberto era preso
dagli studi di medicina e James era impiegato in una società di
investimenti.

Il loro ultimo campeggio aveva avuto luogo verso la fine di
marzo del 1985, poco dopo l'incontro di Roberto e di Anna.
L'inizio di questo viaggio era stato allietato da un sole brillante

e da un'aria fresca che aveva l'odore di una nuova primavera in arrivo, con le pendici dei monti ogni giorno più verdi e più ridenti. A rendere il tutto più idilliaco, c'erano stati anche i primi sbocci di viole e i primi crochi affacciati alla vita. Malgrado le previsioni avessero parlato di bel tempo per il fine settimana seguente. La prima notte, mentre Roberto e James dormivano in cima ad una montagna, era caduto quasi un metro di neve che aveva impedito loro di lasciare la montagna per ben due giorni. A un certo punto, mentre erano sulla vetta con pochi viveri e quasi assiderati, Roberto aveva cominciato ad avere allucinazioni che somigliavano più a sogni. Alcune di queste avevano a che fare con la sua infanzia, altre invece erano incubi di cadute da *una* scogliera o da un alto ponte. Verso l'alba, Roberto aveva avuto una visione in cui ballava con Anna, mentre questa cercava di baciarlo. Lui era molto sorpreso di questo perché non pensava che le piacesse a quel punto. La mattina seguente, la temperatura si era alzata e aveva cominciato a piovere. Nel pomeriggio poi, quando la neve si era in parte sciolta, i due avevano potuto scendere dalla montagna e ritornare alle loro case sani e salvi.

Durante il viaggio di ritorno a casa, Roberto non proferì parola a James riguardo le sue allucinazioni o ai sogni in cui aveva visto Anna. James, dal canto suo, non gli aveva detto molto mentre abbandonavano la montagna e, in effetti, pareva che ce l'avesse con l'amico. "Forse avrà capito che voglio molto bene ad Anna, o forse avrò chiamato il nome di lei nel sogno," si disse. Non si sa con certezza che cosa fosse successo fra i due amici, ma il fatto è che non si videro e non si parlarono per molto tempo.

Verso la fine di giugno del 1985, Roberto ricevette la *partecipazione di nozze* di James e di Anna, che avrebbe avuto luogo il 10 agosto seguente. Questi non rispose immediatamente all'invito, in parte perché aveva già accettato un nuovo lavoro in un ospedale di Pittsburg, e in parte perché i sentimenti che aveva avvertito per Anna tanto tempo prima, erano ancora vivi e reali. Era ancora innamorato di lei e non voleva risvegliare quei sentimenti. Aveva, perciò, bisogno di tempo per regolare il suo calendario e rimettere ordine fra i suoi sentimenti. Tutto a un tratto, invece, il destino risolse il dilemma.

Venne la festa del 4 luglio e Roberto si trovò ospite d'un suo professore di medicina. Inizialmente, era indeciso se andare a questa festa o no, ma alla fine, vi andò con una sua compagna di scuola. I due trovarono il giardino già affollato di amici e di professori con i loro rispettivi fidanzati, sposi, e parenti che erano intenti a conversare e a consumare le vivande. Anche Roberto iniziò a mangiare e, mentre stava per prendere un hamburger vicino alla griglia, sentì qualcuno dietro di lui che lo chiamava.

"Ciao, Roberto," gli disse una voce dolce, sommessa e familiare. Lui si girò e vide in un vestito blu acceso la bella figura di Anna. Per un momento, Roberto non riuscì a dire niente. Era così contento di rivederla che il bicchiere di birra gli tremò fra le dita. "Cia..ciao, Anna," le rispose cercando di nascondere alla meglio la sua sorpresa. "Sono felice che anche tu sia qui. Non ci vediamo da tanto e non ci sentiamo. Ma, cosa fa qui un avvocato fra tutti questi medici? E James, dov'è? È qui?", le chiese. Mentre parlava, Roberto notò con un pizzico di gioia ben celata che l'anulare di lei era nudo. Per un momento, pensò o sperò che le nozze fossero andate a monte. "Forse è venuta a cercarmi," si disse. "E' possibile che anche lei senta qualcosa per me?" Sentì il cuore battergli vigorosamente in petto e la faccia arrossire. A questo punto i suoi pensieri furono bruscamente interrotti dalla voce di lei che disse: "No. James non è qui perché non è potuto venire. È molto impegnato e io sono qui a Pittsburg per portarti un suo messaggio: vorrebbe averti come testimone alle nostre nozze. Che ne dici?"

Questa notizia non era quella desiderata, perciò fece di tutto per celare la sua delusione, e non gli fu facile. "Sì, io verrò con molto piacere" le disse lui senza entusiasmo. "Ti prego di dire a James che sarò lieto di essere il suo testimone di nozze. Chiedigli anche se si rende conto di quanto sia fortunato ad avere trovato una donna come te." Quella notte Roberto sognò di fare l'amore con Anna e la mattina seguente, prima di alzarsi, fantasticava ancora su quanto sarebbe stato piacevole giacere a letto con lei.

Il 10 agosto arrivò e fu un giorno nefasto per Roberto. La giornata era fresca e bella; James era elegantemente vestito con uno smoking e Anna sembrava una nuvola bianca. Roberto, intanto, sentiva più amore che mai per lei, ma perché e a che scopo? Adesso il suo amore stava nel letto di un altro.

A nozze avvenute, Roberto era ritornato a Pittsburg per continuare i suoi corsi estivi. Per qualche giorno aveva continuato a sognare una vita con Anna, ma poi, un po' alla volta, le fantasie erano divenute sempre più rare e aveva cominciato a concentrarsi sui suoi duri studi di medicina.

Parte seconda: In cerca del lago "Orso Grande"
A settembre, aveva iniziato il terzo anno di studi. Come sempre, lui era un ottimo studente e riusciva bene soprattutto in chirurgia e traumatologia, ma non sapeva ancora quale campo di specializzazione seguire. Verso l'inizio di ottobre, aveva ricevuto una sorpresa inaspettata: una lettera di Anna. Questa gli diceva che dopo una felice luna di miele ad Aruba, vicino alla costa venezuelana, lei e il marito avevano comprato una casetta nei sobborghi di Washington dove lei lavorava come avvocato e lui in una grande e famosa società di investimenti. Avevano anche cominciato a fare dei campeggi sulle montagne di Alleghany, a volte anche solo per una notte. Pensavano adesso di fare un viaggio di due o tre notti; cercavano, perciò, un compagno che conoscesse bene i boschi e le montagne, e fosse anche un esperto di campeggi. Sarebbe stato interessato, gli chiedeva? Sarebbe stato disposto a proporre delle date?

Roberto, lieto di avere ricevuto questo invito, si chiedeva però perché gli venisse da lei e non da lui. Cosa voleva dire questo? Non sapeva spiegarselo. Per lui sarebbe stato un gran piacere fare un campeggio con i vecchi amici. Sapeva che le montagne erano bellissime, specialmente in autunno, ma sapeva anche che nascondevano tanti pericoli: le notti a volte diventavano molto fredde, qualche volta nevicava abbondantemente e spesso c'erano anche delle bufere. A dispetto di tutte queste eventualità, decise di fare questo viaggio con loro e suggerì l'ultimo fine settimana di ottobre, quando lui sarebbe stato libero.

Così, tutti e tre iniziarono quest'avventura in un venerdì pomeriggio. Andarono in macchina fino ad *un famoso sentiero* vicino ad Harrisburg poi, dopo aver lasciato la macchina in un parcheggio pubblico, intrapresero un sentiero di quasi 12 miglia fino al lago "Orso Grande." Per raggiungerlo, ci sarebbero voluti il resto di venerdì e metà del sabato. Avrebbero poi passato una notte sulla riva del lago e avrebbero intrapreso il viaggio di ritorno verso mezzogiorno di domenica. Arrivarono al parcheggio verso le tre del pomeriggio e cominciarono il loro cammino sotto un sole brillante.

Il cielo era di un azzurro profondo senza nuvole, e la brezza fresca trasportava con sé un odore autunnale. Ognuno aveva lo zaino pieno di provviste per tre giorni. Inoltre, James portava una tenda e Roberto un fornello da campeggio.

"Bello. È proprio bello," disse James mentre faceva da guida. "Io sono pronto a camminare tutta la notte," aggiunse parlando a se stesso. Anna camminava dietro di lui e Roberto chiudeva il gruppo. Prima di lasciare il parcheggio, la donna, per un istante, aveva avvertito un malore: un leggero mal di testa e un po' di nausea. Cosa un po' strana perché non era stata quasi mai ammalata, così non disse niente agli altri e quando il malessere passò se ne dimenticò.

Alle sei si fermarono vicino a un ruscello per cenare: Anna

cucinava sopra un fuoco all'aperto, mentre Roberto cercava legna secca. James intanto pensava al sentiero migliore da seguire. Dopo cena, continuarono con la loro escursione fino alle sette e mezza quando, tutto a un tratto, James si fermò e disse, "Sono stanco morto. Qui c'è un bel prato. Perché non passiamo qui la notte? C'è già una fetta di luna e fra poco arriveranno anche le stelle." Per godersi la bellezza del prato, James si sdraiò sull'erba, e Roberto si guardò intorno e poi rispose: "James, non mi piace affatto qui. Hai ragione che è un bel prato, ma non penserai di passare la notte all'aperto!" Senza guardare James, Roberto aggiunse, "Può essere pericoloso senza la protezione degli alberi. Sarebbe meglio trovare un posto vicino a una grande roccia o sotto dei pini per proteggersi dagli animali e dalla pioggia. Che ne pensi, Anna?"

Anna esitò un momento. Non voleva contrariare James ma, allo stesso tempo, non le andava l'idea di dormire senza un po' di protezione. "Devo dire che sono d'accordo con Roberto. Senz'altro è un bel posto per un picnic, ma se ci fosse una tempesta con pioggia e lampi sarebbe pericolosissimo." James non era affatto felice. Capiva che il prato avrebbe potuto presentare dei pericoli, ma non gli piaceva perdere in una discussione, soprattutto di fronte alla moglie. Dopo qualche minuto, scoprirono un posto accanto a un grande masso e sotto un gruppetto di alberi alti, e lì misero la tenda. Mentre la montavano, il vento si fece più forte e freddo e le nuvole ricoprirono anche l'esile fetta di luna. "Spero che non ci sarà una tempesta" disse Anna guardando sospettosamente il cielo.

"Non preoccuparti," rispose James. "Un vento come questo può indicare che ci sarà bel tempo per i prossimi due o tre giorni." Roberto non disse niente. Poteva sentire nel vento un po' di umidità e pensò fra sé che probabilmente avrebbe piovuto la mattina seguente. Si sbagliava: la pioggia, infatti, arrivò prima del previsto, e non furono solo due o tre gocce, ma fu un vero e proprio diluvio.

Fortunatamente, tutti e tre erano in tenda ma, a causa

di uno squarcio proprio sopra Anna, quest'ultima si bagnò. Per qualche ora, non poté dormire e sentiva freddo, ma, quando si svegliò la mattina, il freddo le era passato. Verso le nove la pioggia cessò, l'azzurro ritornò in cielo e il sole brillò fino a mezzogiorno. Pensando che il temporale fosse passato, ripresero il cammino per il lago "Orso Grande." Al momento della partenza, James disse, "Penso che il lago sia a quattro o cinque miglia da qui. A causa del temporale, siamo un po' in ritardo ma direi che si possa raggiungerlo in tempo per la cena." Tutti erano d'accordo. Per tre o quattro ore, seguirono un viottolo che costeggiava un piccolo fiume e, siccome erano in pianura, poterono camminare speditamente.

Parte terza: La prima paziente
Verso le quattro, le nuvole cominciarono ad addensarsi e a diventare più minacciose. Il vento, sempre più umido e freddo, trasportava il suono di tuoni distanti. Da quasi mezz'ora, Anna non si sentiva bene: aveva ancora mal di testa, la sua fronte era sudata e calda, e un brivido di febbre le scorreva lungo il corpo. Concluse che stava veramente male ma preferiva non dirlo e non dirselo perché forse, dopo un boccone o un po' di riposo, si sarebbe sentita meglio. James, che aveva fatto sempre da guida, si fermò improvvisamente in cima a una collina, precisamente sotto un vecchio acero che aveva perso quasi tutte le foglie. Nella valle di fronte, distante quasi un quarto di miglio sulla sinistra, c'era un piccolo lago.

"Sono un po' preoccupato," disse James osservando la mappa. "Questa indica che il lago "Orso Grande" dovrebbe essere proprio di fronte a noi." Così dicendo, guardò gli altri con ansietà. "Questo lago è troppo piccolo e non assomiglia affatto ad un orso—piccolo o grande. Ho paura che, per il momento, abbiamo perso la strada. Che ne pensi, Roberto?" Questi studiò la mappa, poi disse, "Sfortunatamente, sono d'accordo. Da quanto tempo credi che stiamo andando nella direzione sbagliata?" chiese a James. Senza guardarlo, rispose:

"Non ne sono certo. Forse da mezz'ora, o forse anche di più."
Mentre insieme guardavano la mappa, Anna, la faccia pallida e
il respiro forte, si sedette su una roccia. Due fulmini
minacciosi attraversarono il cielo illuminandolo e, dopo quasi
20 secondi, due tuoni rimbombarono nell'aria. Alcune gocce
di pioggia avevano bagnato la cartina.

"Dobbiamo organizzarci per la notte," disse Roberto che
faceva di tutto per nascondere la sua angoscia . "E affrettarci a
trovare un riparo vicino al lago. Temo che Anna non stia bene.
Dovremo cercare di pescare qualcosa: forse un po' di pesce
fresco e ben cotto la rimetterebbe su."

Non è il lago "Orso Grande"

Arrivati al lago, le condizioni di Anna erano intanto
peggiorate. Durante l'ultimo mezzo chilometro, si era
sostenuta a James. Vicino alla riva del lago, aveva vomitato
qualche volta e poi aveva iniziato a lamentarsi sottovoce,
mentre una pioggia sottile le bagnava i vestiti. Nel frattempo,
le speranze del gruppo svanivano. Malgrado la pioggia, Anna
si adagiò sull'erba riparandosi sotto un pino, lagnandosi di

tanto in tanto, perché le faceva male lo stomaco. Mentre Roberto si adoperava a confortarla, questi notò sulla terra bagnata del sangue misto al vomito di lei e capì che era davvero malata. Cos'era? Si chiese. E che cosa significava? Aveva urgente bisogno d'un medico? Soffrirà di un attacco di appendicite? Roberto aveva sempre visitato i suoi pazienti in presenza di un professore. In questo particolare frangente si sarebbe sentito a suo agio ad esaminare Anna da solo? Soprattutto Anna?

"Dobbiamo montare la tenda per ripararla dalla pioggia," disse Roberto mentre la pioggia scendeva a dirotto. "Sarà anche necessario fare un gran fuoco per riscaldarla," aggiunse. Anche James era molto preoccupato: non aveva mai visto la sua amata tanto malata ed era, perciò, fuori di sé. "Aiutala, ti prego," gridò a Roberto. "Sei un medico dopo tutto, per Dio!"

"Veramente, non sono ancora medico," rispose lui umilmente. "Sono solo uno studente di medicina e non so tutto. Conosco però un po' di medicina di emergenza."

James aggiunse, "Puoi farle una visita e una diagnosi? Se la sua condizione è seria, devo correre in cerca di aiuto, non ti pare?". Roberto intanto non sapeva cosa fare. Sapeva fin troppo bene che era ancora innamorato di lei, che voleva aiutarla. Allo stesso tempo non voleva farle male: il solito dilemma d'un giovane studente di medicina alle prime armi.

"Io posso esaminarla ma tu devi essere presente," gli disse. "Temo che il problema venga dallo stomaco: una gastrite o peggio ancora un'appendicite acuta. In tal caso sarà necessario un intervento," soggiunse. Cominciò, così, a visitare con cura la paziente. Questa aveva una febbre da cavallo e i suoi arti erano freddi e bagnati dal sudore febbrile. L'addome era duro e dolorante da tutte le parti. Dopo la visita, aveva bisogno di parlare con James ma non voleva che Anna lo sentisse. Uscì dalla tenda e fece segno a James di seguirlo. Roberto spiegò all'amico che la situazione era veramente seria ma non sapeva con matematica certezza di che cosa si trattasse.

Finalmente arrivano i soccorsi!

"Vado subito in cerca di aiuto. Non permetterò che accada qualcosa alla mia sposa," disse al suo amico. "Tu devi rimanere qui, perché lei ha più bisogno di te che di me." Rientrato nella tenda per dire qualche cosa ad Anna, James ne uscì quasi immediatamente. Lasciò il campo con una torcia e un sacco di provviste sulle spalle e si avviò in cerca di aiuto. Erano quasi le cinque e mezza di sera e sul bosco cominciavano a cadere le prime ombre della notte.

Partito James, Roberto andò in cerca di altra legna secca per continuare a riscaldare la donna e poi le fece una tazza di brodo. Da parte sua, Anna intanto rifiutava cibo e bevande, ma accettò un po' d'acqua. Il dolore non la lasciava dormire e le faceva sentire sempre più freddo. Giaceva in un sacco a pelo e, per riscaldarla, Roberto mise anche il suo sopra di lei. Per tenerla su, poi, iniziò a raccontarle qualche storia della sua infanzia in Colorado.

Finalmente verso mezzanotte si addormentò, ma di tanto in tanto si svegliava e gridava. Fuori dalla tenda continuava a diluviare e la temperatura continuava a scendere verso lo zero. Alle due di notte, Anna si svegliò e lanciò un grido, "Mamma,

mamma, aiutami, aiutami!" disse nel buio. "Dove sei? Tienimi compagnia. Ho freddo." Continuò poi a piangere sottovoce. "Perché non vieni ad aiutarmi? Perché sei nascosta in quell'angolo? Ho bisogno di te. Ho freddo. Molto freddo. Vieni...vieni...vieni e tienimi calda." La voce diveniva più debole e diminuiva gradualmente. Anna delirava e Roberto non sapeva cosa fare o cosa dirle; la mamma di Anna era morta anni prima. Poi, tutto a un tratto disse, "James, ho molto freddo. La mamma non può venire. Vieni tu, tesoro, a riscaldarmi. James? Perché non rispondi?"

Tacque un momento. Il respiro divenne più rapido e più *fievole*. Roberto le disse, "James non è qui. È andato a cercare aiuto. Io sono Roberto, il tuo amico e sono rimasto qui a farti compagnia." Intanto lui le teneva la mano fredda e floscia nelle sue, e aveva la sensazione di avere fra le sue mani quella di uno dei cadaveri che *aveva* vivisezionato anni prima durante i suoi corsi di anatomia. "Che cosa vuoi che faccia? Dimmelo, sono pronto a fare qualsiasi cosa. Vorresti un po' di brodo? Un boccone? Vuoi che ti racconti un'altra storia del Colorado?" Lei continuava a tacere e lui pensò che si fosse riaddormentata ma, finalmente, quando riprese a parlare sembrava più attenta e più lucida che mai: le allucinazioni parevano svanite. Alla fine Anna gli disse, "Ho ancora molto freddo e questo sacco a pelo non mi basta. Potresti giacere accanto a me per un istante?" Roberto non sapeva cosa dire. A questo punto sentì la donna aggiungere, "Temo di essere sull'orlo della morte...il freddo, il buio, i dolori, la debolezza. Non sono mai stata così male." Senza pensarci, si tolse le scarpe e si adagiò nel sacco a pelo accanto a lei. Sentiva il corpo della donna più freddo che mai. La ragazza giaceva sul lato sinistro e lui, con lo stomaco contro la schiena di lei, cercava di riscaldarla. Per stringerla ancora più vicino a lui, l'abbracciò con il braccio destro. Quante volte nel passato aveva sognato di giacere accanto a lei in questo modo!

"Avverto il tuo calore e mi fa bene," gli disse. "Ho meno freddo e credo di poter finalmente dormire davvero." In pochi istanti si assopì e lui cominciò a pensare che qualche volta quel che si desidera succede ma non sempre nella maniera desiderata.

La mattina dopo, Anna si svegliò quasi rinfrancata e aveva meno freddo. Anche i dolori erano diminuiti e riuscì a mandar giù un po' di zuppa. La pioggia intanto era cessata e s'era levato un venticello caldo che agitava leggermente le acque del lago. Verso le nove, i due sentirono il rumore insistente d'un motore che sembrava venire dal cielo. Tutto ad un tratto, un elicottero apparve sopra il lago e atterrò vicino al campo sull'acqua. James era ritornato con un assistente medico. Dopo una breve visita, l'assistente annunciò che non sapeva con certezza di che cosa la donna soffrisse. "Sembra che stia meglio," disse a James. "Spero che con due o tre giorni di ospedale si rimetta completamente." Tutti e quattro finalmente poterono lasciare il campo senza aver mai raggiunto il lago "Orso Grande." Mentre portavano Anna verso l'elicottero, questa bisbigliò a Roberto, "Grazie caro, grazie mille, mi hai salvato la vita. Non lo dimenticherò mai."

Né Roberto, né Anna parlarono mai ad altri di quello che era successo durante quella notte nel bosco o di come il giovane studente di medicina aveva curato *la sua prima paziente*.

Ricapitolazione delle parti I-III
"La Paziente" è una storia d'amore: quella d'un giovane per una donna che non lo ricambia. L'uomo sogna di averla ma, alla fine, invece di averla come vorrebbe, deve solo giacere accanto a lei ammalata, durante un'escursione montana, per salvarle la vita.

Nella parte prima della storia, incontriamo i tre personaggi del racconto: Roberto, Anna, e James. Roberto e James erano amici da anni, essendo cresciuti insieme nei pressi di Gettysburg, non molto lontano dalle montagne di Alleghany. *Roberto* ha 24 anni e studia medicina mentre *James* ne ha 4 più di lui ed è impiegato in una società di investimenti. Oltre ad amare gli sport e le belle donne, i due, negli anni della gioventù, *solevano* avventurarsi in lunghi campeggi montani.

Anna ha quasi trent'anni, fa l'avvocato ed è fidanzata con James. Poco dopo il fidanzamento dei due, Roberto incontra Anna, che lui trova attraente al punto di innamorarsene a prima vista. Più tardi, dopo un incontro inaspettato con lei, Roberto comincia a sognare di giacere accanto a lei durante *amplessi amorosi*. Un sogno invano! Perchè Anna sposa James invece!

Nella parte seconda, Roberto, Anna, e James fanno un campeggio sulle montagne di Allegany vicino ad Harrisburg. Sfortunatamente, durante il secondo giorno, I tre si perdono nel bosco durante una grande tempesta. Allo stesso tempo, Anna comincia ad *accusare* mal di stomaco, nausea, e febbre. Nella parte terza, i sintomi di Anna peggiorano e Roberto, dopo aver esaminato attentamente la donna che tanto ama, conclude che soffre di un attacco di appendicite. James, *dal canto suo*, per salvare la vita della sua sposa, lascia il campeggio in cerca di aiuto. Roberto rimane, così, con Anna per farle compagnia. Durante la notte, l'ammalata ha frequenti allucinazioni ed ha freddo, un freddo così intenso che Anna chiede a Roberto di *coricarsi* accanto a lei per tenerla calda. La mattina seguente, Anna si sente meglio e ha meno freddo. Intanto, James ritorna con un assistente medico in un elicottero che porterà i tre amici a un ospedale. Mentre Anna viene trasportata verso l'elicottero, sussurra a Roberto frasi di gratitudine per averle salvato la vita e gli giura che non lo avrebbe mai dimenticato.

Parte quarta: Amore e morte
Nel 1987, due anni dopo quel *fatidico* campeggio sulle montagne di Alleghany, Roberto conseguì la laurea in

medicina e poi si specializzò in cardiologia. Durante l'ultimo anno di specializzazione, incontrò Gabriella Lombardi, un'infermiera di origine italiana. La prima volta che Roberto la vide, i due si trovavano alla mensa dell'ospedale dove entrambi lavoravano. Gabriella conversava con un medico vicino alla cassa e sembrava essere arrabbiata con lui. "Hai sbagliato la dose di quella medicina e di conseguenza il paziente peggiora," gli gridava. "Ti consiglierei di cambiare *la ricetta* prima che il paziente muoia!" continuava a dargli ordini ad alta voce mentre *le gote* le si arrossivano di un rosso porpora. "Perdiana!" le rispose il povero medico. "C'è poi tanto bisogno di urlare così in pubblico? Mi occuperò della ricetta immediatamente," e poi scomparve. Roberto trovò questo scambio interessante e la signorina coraggiosa, affascinante e *ligia* al suo dovere. Quella stessa sera, Roberto cercò il nome e il numero telefonico dell'infermiera, e la chiamò per invitarla fuori con lui.

Gabriella, alta e snella, con i capelli ondulati, *folti* e neri che le coprivano le spalle, aveva un viso delicato e la sua pelle era così bella da non aver bisogno di nessun trucco. Da lontano, benché Roberto non se ne rendesse conto, l'infermiera somigliava un po' ad Anna. Roberto e Gabriella diventarono presto inseparabili e sempre più innamorati. Il giorno di San Valentino del 1991 si fidanzarono e dopo sei mesi si sposarono in una chiesetta della campagna di Gettysburg.

Erano già passati ben sei anni dal campeggio sulle montagne di Alleghany, e Roberto pensava sempre di meno ad Anna e a quella notte sulla *riva* del piccolo lago sconosciuto. Per qualche anno, i vecchi amici si erano scambiati auguri natalizi e due o tre volte si erano anche sentiti al telefono. Intanto, le loro vite andavano avanti: Anna era ora avvocato in un importante studio legale al centro di Washington e James vice-presidente della stessa agenzia di investimenti dove aveva lavorato per anni. Per *cimentare* la vecchia amicizia, Roberto, da parte sua, aveva invitato l'amico a fargli da *testimone* alle nozze. Ma, né

James né Anna avevano potuto essere presenti. "Forse è meglio così," si era detto Roberto. "Rincontrare Anna avrebbe potuto riportare *a galla* qualche sentimento non completamente seppellito."

Dopo una lunga e felice luna di miele in Italia, dove conobbero e visitarono i parenti di lei, i due rientrarono a casa e al loro lavoro nell'ospedale di Baltimore: lei, infermiera capo del reparto di neurologia, e lui, vice-direttore del reparto di cardiologia interventistica. "Non avrei mai immaginato di amare qualcuno come amo te," Gabriella gli confidò una sera mentre mangiavano in una trattoria italiana vicino all'ospedale. "Spero che avremo molti bambini insieme e che continuerò ad essere l'amore della tua vita." Durante i primi mesi di matrimonio, i due erano felicissimi e la loro unione sembrava fatta in cielo!

Ma questo non era un cielo senza nuvole. A poco a poco Roberto cominciò a rendersi conto che la moglie aveva una certa disposizione all'irascibilità che si manifestava specialmente dopo che aveva consumato sostanze alcoliche. Una volta, infatti, la donna aveva *perduto le staffe* con un povero cameriere che le aveva servito una *pietanza* non di suo gradimento. "Porti via questa robaccia!" lo aveva apostrofato. "Io non la darei in pasto neanche al mio cane!" Roberto non sapeva cosa dire. I suoi calmi consigli furono buttati al vento. Dopo l'*increscioso* episodio, I due avevano litigato per buona parte della serata e Roberto si era ritrovato a dormire solo per ben tre notti. Malgrado ciò, lui continuava ad amarla e grazie alla personalità gentile e comprensiva di lui, riuscivano ogni volta a ritrovare un certo equilibrio.

Nel 1994, dopo quasi tre anni di matrimonio, Gabriella partorì un bambino, chiamato Giorgio come lo zio materno. Ebbero più tardi, altri due bambini, questa volta gemelli—un bambino di nome Antonio e una bambina che chiamarono Maddalena. Fin qui, tutto bene. Ma lo era davvero? Dopo la nascita dei due bimbi, Gabriella sembrava perfettamente contenta di fare la mamma a tempo pieno. Oltre a crescere i bambini, lei faceva un po' di tutto: la spesa, le pulizie di casa, la cucina. Per sei mesi, *tutto filò liscio*. Presto, però, cominciò a soffrire d'insonnia e a sentirsi sempre stanca; la vecchia tendenza all'irascibilità rifaceva *capolino*.

"Potresti alzarti anche tu qualche volta quando Giorgio piange," urlò una volta al marito, mentre lei cercava di calmare il povero bambino. Le lacrime cadevano sulle gote pallide e le bagnavano la camicia da notte. A peggiorare il tutto, Giorgio non cresceva bene e gli era stato recentemente diagnosticato un piccolo buco al cuore che avrebbe necessitato, prima o poi, un intervento. Nel frattempo, si svegliava spesso di notte e la madre lo soccorreva anche quando non era necessario.

"Vorrei aiutarti," le rispose Roberto. "Ma non posso lavorare dodici ore al giorno e fare poi la notte qui," aggiunse. "Non sarebbe più pratico assumere una *balia*? Questo ti darebbe la possibilità di lasciare la casa, di andare a trovare le amiche e, magari, ritornare anche al lavoro." Conosceva già la risposta: ne avevano parlato tante volte anche prima. "Non voglio che un'estranea tocchi i miei bambini," aveva risposto lei ogni volta. La vita continuava così, e i momenti di gioia diventavano sempre più rari. Erano entrambi sempre stanchi e sembrava che andassero da una crisi all'altra.

Nel 1999, Giorgio ebbe l'intervento al cuore e, per fortuna, si rimise completamente. Iniziò anche ad andare all'*asilo* e a crescere normalmente. In casa, tutto era più calmo e la vita procedeva più facilmente. Roberto aveva trovato anche lui una certa serenità e la pace regnava in famiglia. Un giorno decise di ritornare a casa prima del solito e di portare a Gabriella delle rose. Invece di essere lui a fare la sorpresa alla moglie con un *mazzo* di fiori, fu lui a ricevere la sorpresa della sua vita: la moglie era in cucina ubriaca *fradicia* e piangeva. Quella sera stessa dopo averla ricoverata in un reparto speciale di un ospedale che trattava gli alcolizzati, Roberto si ritrovò tutto solo. Tornato a casa, si mise a cercare tutte le bottiglie contenenti alcool e le buttò via. Gabriella si riprese, ritornò a casa e per ben tre anni non toccò una goccia di alcool. Inoltre, ogni giorno si recava religiosamente a una riunione per alcolizzati che si teneva in una chiesa cattolica nei pressi della loro casa.

" Penso di essere guarita," disse a Roberto dopo aver ricevuto un premio per il suo terzo anniversario di sobrietà. *Paga e felice* del suo successo, si mise a sedere accanto al marito, e per un po' ammirarono i loro tre bambini che giocavano fuori al sole primaverile. Gabriella sembrava veramente orgogliosa di sé. Le gote le si erano arrossate di un profondo scarlatto e i capelli neri e folti accentuavano I suoi occhi *corvini*. "Sei più bella che mai," le disse Roberto. "Ed è vero, sembri guarita ma..." ."...Non ho più bisogno di bere," lo interruppe lei. "E penso di poter controllare questa maledetta tendenza." Guardò di nuovo i bambini che adesso correvano sotto uno *spruzzo d'acqua*. "Mi sento fortissima, perciò potrei anche bere un sorso di qualcosa per celebrare il nostro anniversario di matrimonio la settimana che viene. Che ne dici?"

Questa è la solita tragedia degli alcolizzati: sentirsi forti e abbandonarsi ai momenti di debolezza sono una cosa sola! Roberto, sorpreso, *tuonò*, "Ma cosa dici! Un solo sorso ti riporterebbe al punto di prima. Per facilitarti le cose, anch'io mi sono giurato di non bere più: è una lotta e la lotteremo insieme." La donna, purtroppo, non si convinse. Infatti, più tardi, dopo che il marito si era addormentato, uscì a procurarsi una bottiglia di vodka: Il giorno dopo era di nuovo ubriaca.

A farla breve, nel giro di quattro anni, Gabriella si era ritrovata in un centro di disintossicazione ben tre volte. Ogni volta, al rilascio dal centro, giurava che non avrebbe più toccato un sorso di alcool, riprendeva a frequentare le riunioni per gli alcolizzati, e ogni volta Roberto, speranzoso, le credeva; o voleva crederle. Arrivato l'agosto del 2006, la coppia si preparava a celebrare il quindicesimo anniversario di nozze. Per festeggiarlo degnamente, ritornarono in Italia. Qui lei beveva soltanto acqua minerale e coca-cola dietetica. Il giorno prima del ritorno in America, lei prese parte ad una gita in un paesino nei pressi di Firenze. Voleva comprare dei giocattoli per i bambini e un regalo per Roberto. Quel giorno pranzò da sola e alla fine del pasto, il cameriere le offrì un bicchiere di vino. Dapprima lei, esitante, non voleva accettarlo ma poi *si arrese*. "Nessuno mi conosce qui e nessuno saprà quello che faccio," si disse. "Così, bevo soltanto un piccolo sorso. "Dopo il sorso iniziale, ne seguirono altri, e in breve, la bottiglia fu vuota. Per la strada, ritornando in macchina all'albergo, la donna, disorientata dall'alcool andò a *schiantarsi* contro un muro: e lì perse la vita. Una settimana dopo, veniva seppellita nel cimitero di famiglia a Baltimore. Roberto, devastato, vedovo e con tre bambini (Giorgio di 12 anni e i gemelli di 10) non poté riprendere il suo lavoro per qualche mese.

Parte quinta: Un divorzio non inaspettato
"Mi piacerebbe vedere Il Barbiere di Siviglia," disse Anna a James mentre lei leggeva un annuncio nella posta dell'opera di Washington. Era l'estate del 1994. "Non compriamo biglietti stagionali per l'opera da anni. Vorrei tanto vedere quest'opera!"

James non era d'accordo perché non gli piaceva affatto l'opera. Nel passato ci era andato soltanto per farle piacere. Questa volta voleva tener duro. "Sai bene che mi è difficile uscire la sera," le rispose. "Mi stanco presto in questi giorni e sai che non mi piace l'opera tanto come piace a te." A lui era stato recentemente diagnosticato un cancro alla prostata e spesso usava questa condizione come una scusa per sembrare più handicappato di quanto fosse. "Perché non compri tu due biglietti per la stagione?" disse. "Puoi portare con te qualche amica e di tanto in tanto verrò anch'io quando mi sentirò più forte ed energetico." In quel momento, James non pensava né ad Anna né all'opera. In quel momento, James pensava ad altro. Aveva precedentemente incontrato una nuova cliente, una bella signora divorziata di recente. Lui non l'aveva ancora invitata a un pranzo d'affari, ma se tutto fosse andato bene forse ci sarebbe stata la possibilità di incontrarla la sera mentre la moglie era all'opera. "Questo mi piacerebbe molto di più del Barbiere di Siviglia," si disse.

Da molto tempo *sia* Anna *che* James lavoravano come cani. Nel 1992, Anna aveva lasciato il suo studio legale al centro di Washington e aveva stabilito uno studio legale privato nei sobborghi. Dal canto suo, James era diventato sempre più importante nella sua agenzia d'investimenti e si presentava ora la possibilità di essere trasferito a Los Angeles dove avrebbe assunto la direzione d'un nuovo ufficio. Ad Anna non andava l'idea di spostarsi perché le piaceva rimanere dov'era. Aveva tanti amici a Washington e tanti contatti utili per la sua carriera e per il suo nuovo studio. Inizialmente, quando i due si erano sposati, Anna sperava di avere una famiglia, ma tutti e due lavoravano molto e sembrava che non ci fosse mai tempo per pensare ad avere bambini. Finalmente, quando si decisero ad avere un figlio, si scoprì che Anna non poteva averne. Questa avrebbe voluto adottare un bimbo ma James non era interessato e non voleva neanche parlarne. Alla fine invece di adottare un bambino o almeno di esplorare altre possibilità, come quella di consultare una clinica di fertilità, avevano litigato a lungo. In quei giorni, sembrava che non facessero altro. Poco più tardi, quando fu incaricato di andare a Los Angeles per investigare la possibilità di creare un nuovo ufficio per la sua agenzia d'investimenti, non fu una sorpresa che avevano cominciato a litigare anche su questo.

Nel giro di 10 anni, Anna e James avevano cercato almeno tre volte di separarsi legalmente ed avevano perfino consultato un matrimonialista. Ogni volta si ritrovavano al punto di prima. Nel 2004, due anni prima della morte di Gabriella, avevano divorziato. Anna era rimasta a Washington e James, con la bella cliente divorziata, si era trasferito a Los Angeles.

Parte sesta: La vita è bella!

Negli anni che seguirono la morte di Gabriella, Roberto sembrava vivere solo per i figli: li portava a scuola la mattina, quasi ogni sabato li portava al cinema, di tanto in tanto facevano campeggi ai piedi delle colline del Maryland e, infine, come avrebbe voluto Gabriella, cominciava a portarli alla messa domenicale. Roberto non si poteva considerare tanto religioso ma l'improvvisa e drammatica morte della moglie lo aveva convinto che dietro a tutto questo ci fosse la mano di un destino che aveva determinato la breve e tragica vita della donna. Nel 2008, poco dopo il suo cinquantesimo compleanno e il secondo anniversario della morte di sua moglie, Roberto cominciava finalmente a cercare la compagnia di altre donne. All'ospedale, come sempre, lui amava *corteggiare* le infermiere e si era anche iscritto a un gruppo di mutuo aiuto per i single sponsorizzato dalla chiesa cattolica locale. Ma era molto difficile trovare una donna più o meno della stessa età compatibile con lui e disposta ad accettare un uomo con tre figli adolescenti.

Le cose, però, cambiarono drasticamente il 22 dicembre, 2008. Quel giorno, Roberto lasciò l'ospedale prima del solito per fare delle spese natalizie. Voleva prendere qualcosa di speciale per Giorgio, il suo figlio più grande. Lo trovò in un negozio nei pressi di Washington. Dopo aver pagato decise di passare dal supermercato. "Mi sono dimenticato," si disse. "Abbiamo bisogno della *marmellata di mirtilli* per il tacchino. Meglio comprarla qui che dover fare un altro viaggio stasera." Fuori era quasi buio, la temperatura era *calata* e aveva cominciato a nevicare. Al supermercato comprò la marmellata e altre due o tre cosette per il pasto natalizio.

Mentre si avviava verso l'uscita, sentì una voce femminile molto familiare chiamare, "Roberto, Roberto!" Si girò e vide una figura del passato, una figura di un sogno quasi dimenticato. Era Anna. Lei indossava un magnifico vestito rosso con un colletto verde. I capelli erano tagliati corti e portava un cappello elegante sulla testa.

"Bella. Proprio bella!" mormorò Roberto a se stesso. Poi, "Da quanto tempo, Anna, che non ci vediamo!" le disse. In quel momento né lei né lui erano al corrente di quello che era successo recentemente nelle loro vite: lei divorziata, lui vedovo. Per aggiornare gli avvenimenti degli ultimi anni, andarono a bere un bicchiere di vino. Nelle settimane e nei mesi che seguirono, Roberto e Anna si videro sempre più spesso e a poco a poco lui si innamorò di nuovo di lei.

"Ricordi quella notte sulla montagna di Alleghany?" le chiese una sera di primavera mentre facevano una passeggiata sulla riva del Potomac. Lui le teneva la mano nella sua teneramente. "Tu stavi sull'orlo della morte e per riscaldarti dovetti sdraiarmi accanto a te—qualcosa che io avrei voluto fare da anni ma non esattamente per quella ragione. E per tutto questo tempo, tesoro, io mi sono sempre ricordato che tu sei stata *la mia prima paziente!*" Nel dire così, Roberto era tanto felice che lacrime di gioia *rigavano* le sue gote.

"È vero. Tu hai salvato la mia vita e non l'ho dimenticato mai!" gli disse Anna. Si fermarono e lei lo guardò negli occhi e poi lo baciò dolcemente sulle labbra. Quella notte fecero l'amore per la prima volta. Più tardi, dopo tanti anni, lui si era veramente addormentato giacendo accanto a lei. Il giorno dopo, Roberto le chiese la mano e insieme decisero di sposarsi il 25 maggio.

Il 25 era una giornata fresca e bella; Roberto era elegantemente vestito in uno smoking ed Anna sembrava una nuvola bianca. "Non l'ho mai vista così bella," pensò Roberto mentre guardava la sua sposa. "Sono veramente l'uomo più fortunato del mondo." Dal canto suo, Anna si disse, "La vita è bella! La vita è proprio bella!"

~ Fine ~

Il Paradiso è a portata di mano

Introduzione
Qualche volta, specialmente da giovani, si fanno cose senza pensare e spesso si continua a farne, sciupando così gli anni migliori della vita. Si procede da un errore all'altro e ci si dispera per una vita che sembra persa. Improvvisamente, però, una porta si apre inspiegabilmente e ciò può salvare la vita. Questo successe ad Angelica Black. Leggete la sua storia, una storia vera.

Parte prima: La fuga
Paradise Springs, Georgia. Aprile, 1980.
"Voglio lasciare questo posto!", mormorò l'adolescente Angelica Black a se stessa mentre si vestiva frettolosamente. Era da poco passata la mezzanotte. "Voglio fuggire da questa casa, da questa vita, e da quest'inferno!"

Nella camera da letto accanto alla sua, la mamma dormiva profondamente e il papà russava come al solito. Pochi minuti più tardi, la ragazza uscì furtivamente dalla porta posteriore. Fuori, la notte era schiarita dalla luna e faceva un caldo insolito per il mese di aprile nel sud della Georgia. L'aria era umida, pesante e piena del profumo dei fiori primaverili in sboccio. La ragazza aveva solo 16 anni ed era come un fiore delicato, del tipo che si fortifica ai venti forti di primavera, o muore soffocato dal calore del solleone. Era la prima volta che Angelica Black scappava di casa e portò con sé un borsellino con venticinque dollari, uno zaino pieno di panni e un pesante fardello nel cuore. La sua faccia rotonda era bella ma aveva un aspetto immaturo. Era alta un metro e sessanta, era snella, agile e, in poco tempo aveva potuto camminare un miglio senza mai fermarsi un momento. Continuava ad avere paura perché essere soli di notte nel sud della Georgia negli anni ottanta era rischioso, soprattutto per una ragazza bella come lei.

"Oh Padre Eterno, aiutami! Aiutami anche se non merito di essere aiutata!" pregò le stelle che luccicavano sopra gli alberi. Mentre cercava di riprendere fiato dalla corsa, la mente tornò brevemente alla sua chiesa nel villaggio di Paradise Springs dove aveva cantato nel coro la domenica precedente. Sebbene il pastore di questa chiesa, la Prima Chiesa Battista, non le piacesse più, il coro -e le corse in pista- rappresentavano le gioie della sua vita. "Oh Dio! Caro Dio! Che cosa ho fatto? Ho tradito la Tua fede! Brucerò nell'Inferno per l'eternità! Ti chiedo di aiutarmi e di aiutare anche la mia famiglia."

Angelica sapeva che i genitori sarebbero stati angosciati al loro risveglio. "Forse sarà andata a scuola prima del solito," si sarebbe detto il papà. Dopo una telefonata a scuola, sarebbe iniziata la tragedia. "Temo che abbia marinato la scuola per stare con quel ragazzaccio di Alessandro," avrebbe forse detto la madre.

La madre di Angelica, Roberta Black, non aveva tutti i torti. Alessandro era un ragazzaccio davvero. Aveva ventun'anni ed era disoccupato. I suoi genitori erano divorziati e si mormorava nel villaggio che la sua sorella maggiore avesse abortito dopo un'avventura con un uomo sposato. Da giovane, Alessandro aveva giocato a football e durante i primi anni di liceo era stato il campione della sua squadra. L'ultimo anno di scuola, però, era stato scoperto a copiare un esame ed espulso due mesi prima del diploma. Negli anni seguenti, le cose continuarono ad andare di male in peggio: faceva uso di stupefacenti, soprattutto di cocaina, ed era finito in carcere per un anno intero prima del suo ventesimo compleanno. Era un ragazzaccio, è vero. Ma era poi fuggito con Angelica?

"Dobbiamo chiamare la polizia," disse Roberta tra un singhiozzo e l'altro. "Se si riuscirà a trovare Alessandro, senz'altro si troverà anche la nostra ...". Non potè finire la frase. In quei giorni non faceva che piangere, e non soltanto per la figlia. Piangeva anche a causa di suo marito, Carlsbad Black, l'uomo più ricco di Paradise Springs. Questi, padrone e dirigente di una ditta di costruzioni, si era arricchito durante gli anni '70 costruendo chiese in tutto lo stato. Per fare questo lavoro, doveva viaggiare molto e, di tanto in tanto, restava fuori casa per settimane alla volta. Ma non era sempre il lavoro che lo teneva lontano. Recentemente, Roberta aveva ricevuto una lettera anonima, scritta tutta in lettere maiuscole, "TUO MARITO SARÀ BELL' E MORTO SE RITORNERÀ AL MIO PAESE! HA STUPRATO MIA FIGLIA E PER QUESTO MIA MOGLIE SI TROVA IN UN OSPEDALE PSICHIATRICO!" Naturalmente Carlsbad aveva negato tutto, ma la moglie sapeva che era la verità perché non era la prima volta che sentiva accuse del genere. Così Roberta Black aveva ragione di piangere e sentirsi abbattuta.

Mentre piangeva, sua figlia correva nei pressi della Prima Chiesa Battista dove si era consumata la sua tragedia. La Chiesa, al nord del villaggio e accanto al fiume Blessed, era la più grande di tutta la contea di Madison e, naturalmente, era stata costruita da suo padre. Allora come oggi, la Chiesa di fede battista era una delle più grandi

La prima chiesa Battista a Paradise Springs

degli Stati Uniti e una delle più rigide. I Battisti credevano che soltanto
i fedeli della loro Chiesa avessero diritto alla salvazione; i poveri sarebbero sempre stati poveri ma glorificati una volta giunti in paradiso. Qui, durante la vita terrena, ognuno avrebbe dovuto lavorare duro per diventare ricco. Se qualcuno rimane povero è perché non ha lavorato molto o perché la sua fede non è forte abbastanza. Questo poteva spiegare la ragione per cui non c'erano poveri nella grande e potente Prima Chiesa Battista di Paradise Springs. Un'altra spiegazione era il fatto che la Chiesa si trovava nella zona più ricca del villaggio dove abitava soltanto la gente affluente e bianca. Il villaggio, come tanti nel sud, era diviso in due parti: una sulla riva ovest del fiume Blessed e l'altra sulla riva est. Soltanto ai bianchi era consentito abitare nella zona occidentale.

Il pastore della Prima Chiesa Battista, il Reverendo T. J. Rover, aveva una quarantina d'anni e non era amato da tutti. Era pomposo e tutti lo chiamavano "Red Rover" dietro alle spalle perché aveva una barba rosso brillante e un passato un po' discutibile. Abitava con la terza moglie e due bambini. Due ex-mogli e altri quattro bambini vivevano in Mississippi senza nessun aiuto da parte del Reverendo. Si diceva inoltre che gli piacessero le belle donne. Dopo una pratica del coro, aveva allungato le mani anche sul seno di Angelica.

"Una volta mi piaceva 'Red Rover'," lei si disse. Così dicendo rivide alle sue spalle la sagoma spettrale della Chiesa. "Pensavo anche che lui fosse un vero cristiano in grado di aiutarmi a capire i miei. Ma no! Non è affatto cristiano; è Satana nelle vesti di pastore." Angelica cominciò a piangere profusamente fino a che il sale delle lacrime le bruciò le gote e le impedì di vedere chiaramente il sentiero che si stendeva davanti a lei. Improvisamente si fermò. "Angelica, calmati! Fa' la brava, non abbatterti, ragazza", gridò a se stessa ad alta voce. "Devi vederci chiaro! Non dimenticare il piano di andare a San

Francisco! Lì nessuno ti conosce e i tuoi genitori non potranno trovarti."

Prima di lasciare la casa quella notte, questa disgraziata ragazza, angosciata e spaventata, aveva pianificato la sua fuga passo dopo passo con un'amica di nome Corina. Questa le aveva dato il numero di telefono di un musicista - amico d'un amico - e l'indirizzo e il nome di un ristorante italiano famoso. Informazioni preziose forse per una turista ma non molto utili per una ragazza fuggita di casa. Il problema principale non era dove avrebbe mangiato una volta in città, ma come sarebbe stato possibile sopravvivere a un viaggio di tremila chilometri con soli venticinque dollari in tasca. La ragazza era dopo tutto un'ingenua fanciulla del sud: intelligente sì, ma intellettualmente mediocre, guardava molto la televisione ed era troppo protetta dalla sua ricca famiglia. Lo scopo principale di vita di tale fanciulla era quello di trovare un uomo ricco e di sposarsi un giorno. Non aveva mai fatto viaggi fuori dalla contea e perciò non conosceva il mondo. Adesso si ritrovava sola in cammino alla mercé della notte, incinta e in cerca della strada che la portasse a San Francisco. Incinta? Sì, incinta! Questo era il suo segreto. Fuggita per questo? Com'era possibile che questa ragazzina tanto innocente e tanto bella potesse essere incinta? E chi era il responsabile? Non lo sapeva nessuno, neanche la sua amica fidata Corina.

Poco dopo aver oltrepassato la Chiesa, si ritrovò di fronte a una stazione di autobus. Per fortuna, l'ultimo autobus della notte sarebbe partito alle due per Atlanta e le sarebbe costato solo dodici dollari. Lo prese e tre ore dopo si trovò a destinazione, infreddolita, sporca e affamata. Ma più di tutto aveva sonno. Così, completamente digiuna, si mise a dormire su una panchina della stazione degli autobus. Verso le nove, quando si svegliò, le venne un'idea geniale.

"Ho visto una volta un film alla televisione," si disse, "che parlava di una ragazza più o meno della mia età, che fece da sola un lungo viaggio in treno senza pagare un centesimo.

Adottò un bel trucco: ogni volta che il conduttore entrava in un vagone, la giovane si trasferiva alla fine dell'altro. Poi, di tanto in tanto, si nascondeva nel bagno. Forse potrei fare la stessa cosa anch'io!"

Dopo una prima colazione di caffè e tre ciambelle costata due dollari e venti centesimi, Angelica Black andò verso la stazione.

Alle 15:00, era sul treno per San Francisco. Nei tre giorni che seguirono, il trucco funzionò alla perfezione e si trovò così, nella bella città sul Pacifico, senza aver speso neanche un centesimo.

Parte seconda: La vita a San Francisco

Purtroppo, la città non era il paradiso che la giovane si aspettava. Tutt'altro. Era un luogo pieno di criminali e di uomini pronti ad approfittarsi di una bella ragazza dolce e innocente come lei. Malgrado fosse incinta, fece di tutto per procurarsi un lavoro. In poche settimane, comunque, le fù impossibile trovarne uno, per cui abbandonò l'idea e andò a vivere invece con un musicista di nome Randy, 10 anni più grande di lei. Questa decisione si rivelò disastrosa. Questi, non solo era geloso, faceva anche uso di droghe e frequentava donnette di facili costumi. Suonava cinque sere alla settimana la chitarra in un gruppo jazz, e tornava a casa all'alba. Le altre sere rimaneva fuori in cerca di lavoro o di donne e droga.

"Randy, ho paura che il bambino non stia bene," gli disse un giorno durante uno dei rari pasti insieme. Era stanca e triste. Aveva cerchi neri intorno agli occhi e le sue gote erano sempre pallide. "Non riesco a prendere sonno la notte perché ho continui pruriti e durante il giorno ho sempre nausea."

"Angie, Angie, non devi preoccuparti! Tutti questi sintomi sono comuni durante la gravidanza. Sei angosciata perché ti mancano i tuoi, ma ci sono io. Io sono qui per aiutarti. Il bambino che porti in grembo è sano, ed io ho dei farmaci meravigliosi che potrebbero rendere anche i nostri rapporti intimi più intensi." Finì di mangiare e si mise a suonare la chitarra. "Lo sai che ti voglio molto bene," le disse. "Devi crederlo! Quando nascerà il bambino, ci trasferiremo e formeremo così una bella famigliola insieme. Che ne dici?" Povera Angelica! La ragazza non aveva idea di come fosse fatto il mondo, non aveva criterio e cominciava a credergli. In poco tempo, iniziò a drogarsi e a prostituirsi per procurarsi la droga e sostenere Randy che intanto aveva perso il lavoro.

Nel villaggio di Paradise Springs, i genitori di lei, distrutti, sapevano ormai che la loro figlia non era fuggita con il suo cattivo compagno di scuola, Alessandro, e che non sarebbe forse mai più tornata. Questi, infatti, era sorpreso quanto gli altri della fuga della ragazza. Nel frattempo, la polizia aveva frugato in ogni angolo del paese, in particolare nei boschi e nei quartieri circostanti la casa della ragazza e la chiesa, anche con l'aiuto dei cani. Allo stesso tempo, il signor Carlsbad Black ricorse a un investigatore privato molto noto ad Atlanta, ma nessuno ebbe alcun successo.

"È fuggita senza lasciar traccia di sé," disse l'investigatore con voce triste ed esasperata. Era stanco anche lui – stanco di rispondere alle domande estenuanti della madre della ragazza, stanco di dover rispondere a chi gli telefonava con informazioni false, e soprattutto rattristato dall'idea che la ragazza avesse probabilmente fatto una brutta fine. La sua esperienza, infatti, gli insegnava che casi del genere avevano sempre la stessa fine: omicidio o suicidio. Respinse, comunque, queste immagini dalla sua mente e si disse con poca convinzione, "Forse sarà stata sequestrata, nel qual caso è necessario attendere le richieste dei rapitori." La richiesta non venne mai.

"Che cosa abbiamo fatto di male contro nostra figlia?" continuava
a chiedersi la mamma. "Le abbiamo dato tutto quello che desiderava: il televisore in camera, un sacco di vestiti, un gatto e anche l'automobile per il sedicesimo compleanno."

Verso la fine di agosto, dopo quattro mesi a San Francisco e al quinto mese di gravidanza, Angelica cominciò ad avvertire i primi segni di vita del suo bambino. "Che bello! Che miracolo! Per la prima volta in tanti anni mi sento felice!" mormorò a se stessa. "Adesso la vita ricomincia!" Sfortunatamente, Randy non era altrettanto felice. Era diventato infatti molto geloso. Un neonato sarebbe stato una noia: pianti di giorno e di notte, sempre affamato, e pannolini sporchi da cambiare continuamente. La cosa peggiore di tutto sarebbe stato il costo del mantenimento del bambino: una terza bocca da sfamare ed Angelica non avrebbe potuto lavorare né come prostituta né come altro. Era evidente che Randy non fosse il compagno ideale, ma Angelica era ormai intrappolata! Lui, che intanto aveva trovato un nuovo lavoro in un nightclub tre notti alla settimana, le piaceva ancora. Con i soldi guadagnati da Randy potevano mangiare meglio e trasferirsi in un appartamento più grande che dava sulla baia e sul ponte Golden Gate. D'altro canto, non era mai stata indipendente e lei non sapeva come procurarsela questa indipendenza. Intanto, il bambino continuava a crescerle in grembo e presto sarebbe nato. Come tanti altri americani, Angelica non aveva l'assicurazione sanitaria o l'accesso a un ostetrico che la aiutasse a partorire.

All'inizio del settembre 1980, la signorina decise di chiamare i suoi in Georgia. Perché? Era la prima volta che lo faceva. Forse voleva sentire soltanto la voce della madre, forse voleva chiederle perdono o forse voleva chiederle il permesso di ritornare a casa. Quando compose il numero e sentì la voce della madre dall'altra parte del filo - una voce stanca e triste, "Pronto, pronto, chi parla?..." La ragazza non ebbe il coraggio di rispondere. "Angelica, Angelica... Sei tu?" Solo Dio sapeva quanto la ragazza avrebbe voluto gridare, "Mamma, Mamma!" E solo Dio sa perché la ragazza tacque. Riattaccò il telefono. Fu l'ultima volta che sentì la voce di sua madre.

Nei giorni e nelle settimane che seguirono, le cose fra

Angelica e Randy peggiorarono rapidamente. Sembrava che l'avvicinarsi del parto rendesse questi più cupo. In ottobre, cominciò anche a picchiarla sul viso e sulle braccia e una volta la colpì anche nel ventre. Angelica non sapeva cosa fare, e, dietro consiglio di un'amica, andò a passare qualche notte in un ricovero per i senzatetto. Quando ritornò da Randy, lui era più fuori di sè che mai. Quella sera la picchiò di nuovo sul volto, sulle braccia e, ancora una volta, sul ventre. Da quel giorno in poi non avvertì più i movimenti del bimbo. Il 2 novembre 1980 Angelica partorì un bambino senza vita, fu il giorno più nero della sua esistenza. Non ne parlò mai con nessuno: i capelli del neonato erano rossi, rossi come quelli di "Red Rover", il reverendo della Prima Chiesa Battista di Paradise Springs .

Nei dieci anni che seguirono, la vita della ragazza ebbe alti e bassi. Non aveva lasciato Randy subito dopo la morte del bambino, ma verso la fine di dicembre aveva finalmente trovato il coraggio di farlo. Doveva e voleva essere padrona della sua vita. Ritornò al ricovero e qui incontrò Anna, una ragazza di 18 anni dell' Alabama, anche lei fuggita di casa. Insieme, concepirono un piano per l'immediato futuro: cercare un posto dove vivere e magari un impiego al vicino supermercato. Angelica avrebbe condiviso tutto con la nuova amica: affitto, cibo, vestiti, e anche uomini.

Nel 1985, all'età di 21 anni, e cinque anni dopo la fuga da Paradise Springs, Angelica conobbe un bel giovane di nome Cesare, anche questi musicista come Randy, ma di carattere differente. Era musicista classico e suonava la tromba per l'orchestra di San Francisco. Un incontro positivo per la ragazza. Cesare aveva 25 anni e una laurea dal conservatorio Jiulliard di New York. "Un vero tesoro," spiegò Angelica alla sua amica, Anna. "Sono la persona più fortunata del mondo." Cesare, italo-americano, aveva un bell'aspetto e una faccia serena. I suoi capelli erano ricci e neri, ma più importante di tutto, era sicuro di sé. Suonava la tromba tre o quattro ore al giorno per esercitarsi e, quando non lavorava con l'orchestra sinfonica, amava correre con Angelica attraverso i sentieri nel parco del Golden Gate. Piano piano anche Angelica imparò ad essere più disciplinata. Ritornò a scuola dove eccelse in francese e matematica e in due anni conseguì il diploma di scuola media superiore. Allo stesso tempo, era diventata massaggiatrice e durante il fine settimana guadagnava abbastanza bene.

"Non ti ho ancora parlato di una cosa molto importante della mia vita," le disse Cesare una sera mentre insieme sorseggiavano un caffè sul marciapiede d'una trattoria vicino all'Embarcadero. "Ho un segreto che non ho mai condiviso con nessuno, all'infuori della mia famiglia. È un segreto che forse un giorno cambierà la mia vita." Bevve un altro sorso di caffè mentre un'ombra di tristezza le attraversava il suo viso conturbato.

"Non preoccuparti, amore mio," gli disse. "Dimmi pure quello che vuoi, anch'io porto un segreto." Qui, i due tacquero per un istante. Entrambi temevano di farsi del male. Finalmente lui continuò, "Ho una malattia che potrebbe essere fatale. Si chiama emofilia. È ereditaria e mi viene da mia madre. Fortunatamente il mio tipo di emofilia non è molto severo, ma devo sempre fare attenzione a non tagliarmi quando mi rado o quando uso i coltelli in cucina." Bevve un altro sorso di caffè. A questo punto Angelica ritornò alla carica e gli rivelò la sua storia: lo stupro da parte del Reverendo "Red Rover", la gravidanza, la fuga da casa, il viaggio dalla Georgia a San Francisco, la vita dura con Randy e, finalmente, la morte del bambino. Gli disse tutto ma non gli parlò del suo passato di prostituta.

L'emofilia può essere una malattia imprevedibile. Si può sopravivere per settimane, mesi e anche anni senza problemi. Improvvisamente, però, si può cominciare a sanguinare senza ragione o senza neanche tagliarsi seriamente. Quando questo succedeva anni addietro, era necessario ricorrere a trasfusioni e allora il pericolo principale era di solito un'epatite. All'inizio degli anni '80, però, era giunto un pericolo più grave e completamente sconosciuto; un pericolo grave soprattutto in centri come San Francisco o altre grandi città americane. Era arrivata una nuova epidemia: l'AIDS. Nel 1985 questo flagello non aveva ancora né diagnosi, né analisi e non aveva ancora neanche un nome.

Disgraziatamente, verso la fine d'ottobre, Cesare si tagliò un dito con un coltello molto tagliente. Dopo aver perduto sangue per 12 ore, andò a un pronto soccorso dove ricevè due trasfusioni. Una di queste conteneva il nuovo virus. In sei mesi si ritrovò così malato che non potè più suonare la tromba nell'orchestra sinfonica. L'amante lo curò con tenerezza e con l'amore di un angelo per i cinque mesi a venire. Ma fu inutile: nessuno conosceva questa malattia e non esistevano rimedi. I molti pensarono che Cesare fosse omosessuale o drogato. Morì, senza sapere di che, il 25 settembre 1986, undici mesi dopo che si era tagliato il dito. Angelica, devastata, lo pianse a lungo. Con lui erano morte tutte le speranze della sua giovane vita.

Parte terza: La signora Alba
"Mi dispiace molto, Reverendo, ma non posso più partecipare al suo servizio domenicale," disse la signora Alba al pastore Stark una mattina del dicembre 1989. "Il mal di schiena mi abbatte così tanto che ormai non posso più far neanche i gradini della Chiesa." Gli occhi le si erano quasi imbiancati a causa delle cataratte e c'era in essi una tristezza che lei cercava di celare. Erano seduti sul portico anteriore della casa della signora. In verità, non era questa una vera e propria casa come tante altre di Paradise Springs, ma una casupola che si trovava in uno squallido viale pieno di altre casupole. Era questa la zona sulla riva orientale del fiume Blessed che bagnava il villaggio, e qui abitavano i neri. Il reverendo Stark era pastore della Seconda Chiesa Battista e famoso da quelle parti come

uomo di fede: onesto, dedicato ai poveri, fedele al suo gregge spirituale e alla sua famiglia. La signora Alba era altrettanto famosa. Aveva 79 anni e abitava sola, non essendosi mai sposata. Per tanti anni aveva mantenuto due lavori: durante il giorno insegnava alla scuola media e durante la sera e il fine settimana puliva le case dei bianchi nei ricchi quartieri occidentali. Era stata lei la prima persona della sua famiglia a conseguire una laurea. All'università, oltre alla pedagogia, aveva anche studiato lingue moderne fra cui il francese, il tedesco, e l'italiano. Nel villaggio si diceva perciò, che la signora Alba fosse la persona più colta. A quell'epoca però, nel sud, ai neri non era consentito guadagnare come i bianchi, anche quando molto colti.

Oltre ad essere erudita, la signora era anche una donna pia. Da anni non mancava mai a una funzione religiosa, e, come il pastore Stark, credeva che la cosa più importante fosse vivere la religione. Per esempio, invece di comprarsi una casa che non fosse una casupola, usava spesso i suoi risparmi per alleviare le sofferenze dei meno fortunati e per istruire i suoi due nipoti in maniera che questi potessero un giorno lasciare Paradise Springs e andare a vivere agiatamente ad Atlanta. "Non si preoccupi della sua schiena," rispose il reverendo. "Potrò venire io da lei una volta alla settimana. Le porterò tutte le notizie e potremo pregare insieme." Così dicendo, s'incamminò verso i gradini del portico mentre il legno cigolava sotto i suoi piedi. Il reverendo, alto un metro e settantacinque, pesava più di duecento chili e si diceva che non avesse mai saltato un pasto in vita sua. Mentre lui scendeva le scale, una giovane studentessa di quattordici anni veniva a lezione di francese. Per guadagnare qualche denaro in più e per mantenersi attiva, lei dava anche lezioni private due o tre volte alla settimana.

Per Virginia Alba, questi giorni della fine degli anni ottanta, erano particolarmente piacevoli: insegnava un po', ascoltava musica classica, leggeva molto e riceveva visite dai suoi nipoti.

"L'unica cosa che mi manca," si diceva, "è un'amica intima."
Aveva delle amiche, sì, ma nessuna di queste aveva gli stessi
suoi interessi. Aveva, in altre parole, bisogno di un'amica del
suo stesso livello intellettuale con cui poter discutere di varie
cose. Lei non lo sapeva ancora, ma questa persona era a portata
di mano.

Sfortunatamente, quest'ultima per il momento abitava a
San Francisco, ed era la nostra Angelica Black, la fanciulla
fuggita di casa da Paradise Springs. Dopo la morte del suo
amato Cesare, questa aveva passato un periodo di profondo
lutto e di profondo abbattimento, ma ora ricominciava a
vivere. Aveva conosciuto un gruppo di giovani che lavoravano
con lei alla biblioteca dell'Università della California. Questi
amavano fare tante cose in gruppo: andavano alle sinfonie, ai
concerti di jazz nel parco del Golden Gate, a giocare a tennis
e il venerdì sera cucinavano nell'appartamento di una di loro.

Il magnifico parco del "Golden Gate"

L'aprile 1990 segnava il decimo anniversario della sua fuga dal
villaggio natale. Dieci anni di vita randagia, dieci anni senza
scambiare segreti con le sue compagne di scuola, dieci anni

senza una carezza della sua mamma. Dieci anni di alti e bassi, senza l'innocenza che aveva oramai perduto: aveva fatto uso di droghe, aveva fatto la prostituta, aveva perso un bambino, e aveva abitato in ricoveri per i senzatetto. Era valsa la pena fuggire di casa? Una vita non molto innocente! Aveva però avuto un grande amore, aveva conseguito una laurea all'università della California in scienze bibliotecarie, e adesso lavorava con i suoi amici alla biblioteca universitaria. Ogni tanto diceva a se stessa, "Mi manca la famiglia ma è meglio rimanere qui a San Francisco: finalmente, posso mantenermi da sola e risparmiare qualche soldo. Forse un giorno potrò anche ritornare a casa." Non sapeva, la povera ragazza, che l'anno precedente sua madre si era spenta, stroncata da un cancro uterino e suo padre aveva ripreso moglie. Aveva sposato un'attraente signorina molto più giovane di lui.

"Stai bene, Angelica?" chiese la sua amica, Anna, una mattina di un sabato della fine d'aprile. Le due avevano appena corso tre miglia nel parco ed Angelica era affannata. Normalmente riusciva a correre oltre tre miglia senza difficoltà ma oggi era insolitamente pallida e senza fiato. "Mi sembri un po' più magra," osservò Anna. "Infatti, non mi sento tanto bene," rispose Angelica. "Non ho dormito bene stanotte e ho perso anche l'appetito." In verità Angelica non stava bene da più di due mesi ed era dimagrita molto. Inoltre, da un po', avvertiva un leggero dolore addominale. Decise perciò di consultare un ginecologo che le suggerì di sottoporsi ad esami del sangue, di fare una radiografia e una biopsia dell'utero e del fegato. Pochi giorni dopo questi esami, ricevè una telefonata dall'infermiera del ginecologo. "Il dottore vorrebbe parlarle domattina in ambulatorio. Potrebbe venire in compagnia di qualcuno? Il medico vorrebbe spiegarle i risultati di tutti gli esami."

Quella notte Angelica non dormì perché temeva si trattasse d'un tumore o di qualcosa di peggio come l'AIDS. La mattina seguente si recò dal medico con Anna. "Lei ha un cancro ovarico," disse il medico mentre l'amica le teneva la mano. "Sfortunatamente, è un tipo molto aggressivo e si trova al di fuori delle ovaie. Si è propogatto all'utero, all'intestino e alle ossa. Si potrebbe ricorrere a qualche terapia, che non promette risultati certi. È uno dei cancri più difficili da trattare." Il dottore non riusciva a guardare la giovane paziente negli occhi. Fissava invece il disegno sul tappeto orientale di un rosso profondo. Finalmente, le chiese, "Lei è religiosa?" La signorina cominciò a piangere e a singhiozzare. Dopo qualche momento, finalmente rispose, "No. Non sono molto religiosa. Ma forse questo cambierà."

Parte quarta: La fuggiasca ritorna in Georgia

Angelica Black non era molto religiosa, infatti. Non frequentava una chiesa da anni e aveva anche dimenticato come pregare. Dopo sei mesi di chemioterapia e radioterapia intensive e nuovi esami di sangue e altre biopsie, ritornò dal ginecologo con la sua amica Anna. "Non ho buone notizie," le aveva detto il medico. "I risultati dicono che la terapia non ha funzionato. Il male ha invaso quasi tutto, anche il fegato." Il medico fece una pausa. Non sapeva più come andare avanti. Si concentrò di nuovo sul tappeto cinese. "Mi sono consultata anche con altri medici e insieme pensiamo che non ci sia molto da fare." Una pausa più lunga. Né Angelica né Anna dissero niente. "Non si può fare con certezza una prognosi. Forse sei mesi di vita, forse di più. So che tu hai perso contatto con la famiglia ma penso di poterti aiutare a riallacciare i rapporti con loro. Come madre e non come medico, ti consiglio di dimenticare le vicissitudini del passato e chiedere aiuto a quelli che ti amano di più."

Quella sera stessa Angelica telefonò a casa per la prima volta dopo tanti anni. Aveva deciso di ritornare a Paradise Springs per passare gli ultimi giorni della sua vita insieme alla famiglia e insieme alle sue compagne di adolescenza. Il padre Carlsbad Black rispose al telefono. Non sapeva ancora che la mamma fosse morta, anche lei di cancro, e non sapeva che suo padre si fosse risposato. La conversazione che seguì fu molto triste e sgradevole. "A dirti la verità, Angelica, non sono pronto a rivederti." La voce del padre non era più quella che la ragazza ricordava. Era dura e aspra. "Ti abbiamo cercato dappertutto per molto tempo e finalmente ci siamo rassegnati a crederti morta o perduta per sempre. La tua povera madre non è mai stata la stessa dopo la tua fuga. Era sempre depressa e finalmente è stata uccisa da un cancro uterino. È morta due anni fa." Ci fu una lunga pausa e lei pensò per un attimo che lui piangesse. Poi, "Pensavo che anche tu fossi morta. Così, senza di te e senza tua mamma, io ho deciso di riprendere a vivere. L'anno passato mi sono risposato e adesso, ho ritrovato pace e felicità."

Lei non sapeva che cosa dire. Aveva bisogno di perdono, di aiuto, di amore. Finalmente, gli poté raccontare qualche dettaglio della sua vita a San Francisco e la ragione della telefonata. Suo padre tacque per qualche minuto poi disse, "Va bene. Non voglio rivederti, almeno per adesso, ma posso aiutarti a trovare un posto dove vivere. Tu avrai tante amiche che ti ricorderanno e potranno farti un po' di compagnia."

La meravigliosa signora Virginia Alba

La settimana seguente, Angelica ricevè per posta un biglietto per l'autobus da San Francisco a Paradise Springs. Con il biglietto le arrivò anche un assegno di duecentocinquanta dollari e il nome e l'indirizzo di qualcuno da contattare. La busta diceva: Signora Virginia Alba, viale Jackson numero 24.

Appena Virginia e Angelica si conobbero, avvertirono una profonda e mutua simpatia. Chiacchierarono tutto il giorno come se si fossero conosciute da sempre. Virginia raccontò tutte le sue esperienze a Boston degli anni universitari e le parlò d'un amore per uno studente bianco tragicamente finito. "Fu un amore con la 'A' maiuscola. Era un ottimo studente e studiava i classici perché voleva diventare professore," disse la signora. Era una calda serata di settembre e le due donne, sedute sotto un portico, sorseggiavano un bicchiere di tè freddo mentre si scambiavano i segreti delle loro vite. "Eravamo così felici," continuò a raccontarle Virginia. Bevve un altro sorso di tè. "Tutte e due le famiglie erano scandalizzate - una ragazza nera e povera della Georgia e un giovane bianco e ricco del Connecticut. Noi decidemmo di sposarci ugualmente, ma poi due mesi prima del matrimonio lui sparì.

Un'altra pausa e un altro sorso di tè. Nel buio della tarda sera la ragazza non riusciva a vedere la faccia della vecchia, ma avvertiva la tristezza nella sua voce. Quanta felicità perduta, pensò Angelica; la vita è veramente ingiusta. Poi, riflettè anche sulla sua vita e sulla sua felicità perduta. "Quello che avrebbe dovuto essere il giorno delle nostre nozze, fu il giorno che trovarono il suo corpo esanime nel fiume," aggiunse la Signora Alba. "Era stato ucciso. Alcuni malignarono che il giovane fosse coinvolto in un giro di droghe, ma queste erano solamente calunnie. Era troppo onesto per una cosa del genere." La vecchia camminava zoppicando lungo i bordi del portico e, parlando, fissava la luna che faceva capolino tra gli alberi.

"Dopo che mi sono laureata, sono ritornata al villaggio e ho comprato questa casupola. Ho cominciato a insegnare alla scuola secondaria e durante il tempo libero mi sono dedicata ad aiutare la gente povera e ammalata. Forse questa è la ragione per cui tuo padre ha scelto me per aiutarti a superare questi momenti difficili della tua vita." Una scelta felice. Durante i giorni che seguirono, anche Angelica raccontò tutto della sua vita alla vecchia, senza tralasciare niente. Sapeva che la signora, che conosceva il bene e il male del mondo, avrebbe capito.

La terza settimana dopo il suo ritorno in Georgia, Angelica fece un viaggio da sola ad Atlanta per consultare un oncologo. Questi, in seguito ad esami accurati, confermò la diagnosi e la prognosi dei medici precedenti: le rimaneva poco tempo di vita. Ritornata alla casupola di Virginia, questa la aspettava con un pasto meraviglioso. "Dobbiamo cercare di fare almeno due o tre cose belle ogni giorno. Prima di tutto, dobbiamo trovare un passatempo divertente. Potremmo, per esempio, cucinare dei buoni pasti insieme, raccogliere foglie autunnali all'alba e cantare canzoni. In seguito, ti insegnerò a pregare."

La giovane rispose, "Che bella idea! Celebrare la vita! Non pensare più alla morte. Tu sei davvero un angelo! Senza saperlo, mio padre mi ha fatto il regalo più bello! Ogni giorno, allora, faremo qualcosa di diverso e pregheremo insieme."

"Da parte mia," aggiunse Angelica Black, "ti insegnerò a praticare yoga, potrò massaggiarti la schiena e potrò insegnarti qualche esercizio che fortificherà i tuoi muscoli. Potrai così salire di nuovo i gradini della Chiesa." In ottobre, Angelica si accorse che la sua salute era più stabile. All'inizio di novembre, aveva ripreso anche un po' di peso e si sentiva più energetica. Cos'era? Lei non sapeva spiegarselo. La vita era migliorata: il cibo era fresco e biologico, camminava ogni mattina all'aria fresca dell'autunno e ascoltava la musica classica. Insomma, la vita era piena di gioia e di tranquillità. Pregava poi almeno un'ora al giorno con la vecchia. "Vivere qui è proprio come vivere in paradiso," aveva detto un giorno a Virginia. "Ero scappata da casa in cerca del paradiso e il paradiso era qui, *a portata di mano*." Allo stesso tempo, Virginia faceva esercizi. La sua schiena era migliorata e le gambe erano diventate più forti. In breve, poté salire i gradini della Seconda Chiesa Battista con rara agilità per una persona della sua età. Prima di entrare attraverso la porta, disse al pastore, "Sia lodato Iddio. È un miracolo!" Ma il vero miracolo stava per venire.

Verso la fine di novembre, Angelica aveva messo altro peso e all'inizio di dicembre andò dal medico con la vecchia. Il dottore le rifece tutti gli esami e una biopsia al fegato. Quando, pochi giorni dopo, la ragazza ritornò dal medico per avere i risultati degli esami, questi la aspettava tutto contento e le disse, "Non riesco a spiegarmelo, ma non trovo più traccia di cancro. Dovrei rivederti ogni tre mesi per assicurarmi che questa situazione continui." Per tutto l'anno seguente, Angelica ritornò dal medico ogni tre mesi. Intanto, era sempre felice, continuava a pregare e a mettere peso. L'ultima settimana prima del Natale 1991, e quasi 12 anni dopo la fuga da casa, la ragazza ritornò nuovamente ad Atlanta con la vecchia. "Tutti gli esami sono normali," disse il dottore. È la prima volta che vedo qualcosa del genere. Il cancro non c'è più. È una cosa inspiegabile, ma ti dichiaro guarita! Se non hai nulla in contrario, vorrei riportare il tuo caso alla letteratura medica." Mentre uscivano dall'ambulatorio, la vecchia si girò verso la ragazza e le disse, "Hai visto, cara? *Il Paradiso è a portata di mano.*"

Che dite voi gentili lettori? È possibile che le preghiere abbiano aiutato la nostra giovane? Vedete in questo caso la mano di Dio? Ci sono molti misteri in questo universo e in questa vita. Non si sa mai…

~ Fine ~

Nota dell'autore: ogni due o tre anni c'è qualche articolo nella letteratura medica che descrive un paziente molto ammalato di cancro come Angelica che guarisce inspiegabilmente. Le persone religiose parlano di interventi divini. Gli scienziati parlano d'una forza sconosciuta dello spirito umano.

7
Vino fatto in casa

Parte prima: Incontriamo Jack Spencer e Giulia Sorescu
Da studente, Jack Spencer lavorò per un anno nei pressi di
Washington in un grande magazzino di giochi elettronici. Per
la maggior parte di quell'anno, non si sapeva con certezza se
lui fosse più studente o più impiegato. Malgrado questa
incertezza, tutti gli amici pensavano che lui fosse un genio nel
nuovo campo delle scienze informatiche.

Nel 1992, all'età di 28 anni, oltre ai computer amava tre
altre cose: lo sport, il cinema e il vino italiano. Jack era alto e
robusto come i suoi antenati d'Inghilterra e aveva un volto
giovane, ma non portava né occhiali da vista, né anelli al naso,
e neanche un taglio stano di capelli. Da studente, aveva seguito
un corso di scienze informatiche e aveva assistito a tutti i corsi
di tecnologia offerti dalla sua università, malgrado si
conoscesse ancora poco di questa scienza. Ciò gli aveva dato la
possibilità di lavorare al controllo dei computer del
Pentagono. Nel giro di 5 anni, lavorando al Pentagono, Jack
aveva imparato molto da solo e dagli altri impiegati del suo
reparto, divenendo così un esperto, forse il più bravo del
palazzo dai cinque lati. Essendo diventato così bravo, aveva
imparato tanti segreti dell'informatica e molti altri su come
funzionava il Pentagono stesso e ciò lo aveva portato a lavorare
in un ufficio attiguo a quello del Direttore Generale.

Un sabato sera all'inizio dell'ottobre del 1992, mentre Jack
si trovava solo e impegnato ad installare un nuovo programma
tanto importante e tanto segreto che andava sotto il nome di
Programma XTP, qualcuno bussò risolutamente alla porta.
"Chi è?" domandò lui. Nessuno rispose. Un altro colpo. Altro
silenzio.

Jack si diresse verso la porta per aprirla. Dall'altra parte della porta, c'era una bella ragazza, snella, mora, e vestita alla maniera della vecchia Europa dell'est. Portava una sciarpa in testa, una camicia senza maniche, pantaloni multicolori e sandali. Era alta quasi come lui e appariva forte. Jack si disse che forse la bella signorina doveva essere una zingara dell'Ungheria o magari della Romania. Ma che faceva lì quel sabato sera? Era una spia o una zingara? Chiunque fosse, ci si poteva fidare di lei?

La signorina Giulia Sorescu

Apprese quasi subito che la ragazza era addetta alle pulizie del Pentagono - puliva scrivanie, tavoli e pavimenti e svuotava i cestini dei rifiuti. Dopo aver scambiato qualche parola con lei, gli fu chiaro che la signorina non era una zingara; era un'immigrata intelligente e intraprendente che si divertiva anche a vestirsi in modi eccentrici. Il suo inglese era adeguato e abbellito da un amabile accento. Era molto istruita perché a tempo libero, seguiva corsi universitari di chimica.

"Come si chiama?", le chiese Jack.

"Giulia" gli rispose. "Giulia Sorescu."

"Da quanto tempo lavora qui?"

"Da un anno più o meno. Sono venuta in America sette anni fa ed ho conseguito qui il diploma di maturità due anni fa. Credo di indovinare quello che Lei pensa; ma non abbia timore di me perché non sono né spia né zingara. Con un nome come il mio, è quasi logico che tutti pensino le stesse cose. Vorrei conseguire la cittadinanza americana e spero di ottenerla l'anno che viene. Amo tanto questo paese e vorrei contribuire a difenderlo dai suoi nemici, soprattutto dai russi che hanno fucilato mio padre!" Tutto ad un tratto Giulia smise di parlare, guardandosi sospettosamente alle spalle.

"Sto parlando troppo e poi, così vicino all'ufficio del Direttore Generale! Spero che nessuno mi senta: sono un'impenitente chiacchierona."

"Non affatto! Anzi, mi piace ascoltare il suo accento" le disse. "Continui con la sua storia."

"Fortunatamente per me, un mio zio materno lavora qui con il Direttore Generale e questi mi ha dato una mano a trovare il lavoro che ho."

"E Lei" continuò Giulia, "cosa fa Lei qui? Niente di pericoloso, spero" aggiunse la ragazza.

"No, sono soltanto un'umile pedina di questa grande macchina.
Mi chiamo Jack, Jack Spencer e sono il tecnico informatico dei computer del Direttore Generale. E non sono d'accordo con tutto quello che viene fatto al Pentagono." A questo punto, Jack decise di ritornare al lavoro.

"Mi scusi, ma ho molto da fare stasera. Non dica niente a nessuno, ma ho dei problemi con il nuovo programma che avrebbe dovuto rimanere segreto; un segreto che non esiste più perché tutti ne parlano e quindi non le rivelo niente di nuovo se le dico che si chiama Programma XTP. Ma basta con questa storia! Sono molto contento di fare la conoscenza di una donna così bella. Spero ci si possa rivedere, magari un sabato sera. Cosa ne dice?" Lei annuì.

E così, per un paio di mesi Jack e Giulia si incontrarono, più o meno assiduamente ogni sabato sera in un ufficio attiguo a quello del Direttore Generale. Poi, verso la fine di novembre, Jack trovò il coraggio di invitarla a cena e più tardi al cinema. Ogni domenica pomeriggio fecero lunghe passeggiate lungo la riva del Potomac e fu durante una di queste che ella prese a raccontargli la storia della sua vita.

Era nata in Romania ed era stata educata a Constanta presso le rive del mar Nero. Per qualche anno aveva lavorato in un orfanotrofio vicino a Bucarest e fu lì che aveva deciso di seguire gli studi di medicina. Ma quando poi emigrò in America, dovette studiare l'inglese e per questo non ebbe il tempo di ritornare agli studi di medicina. Decise, così, di fare chimica.

Fra una storia e l'altra, i due continuarono a ritrovarsi e, una sera intorno alle feste di Natale, Jack la invitò a un ristorante italiano. Lì mangiarono dell'antipasto, del salmone agrodolce, una specialità della casa, e bevvero una buona bottiglia di Chianti Classico 1989, che li rese felici ed euforici. Il bellissimo sorriso di lei combinato al potere euforizzante del vino diede a Jack il coraggio di avvicinarsi a lei, di baciarla teneramente su una guancia e di manifestarle il suo amore.

Dapprima la ragazza arrossì, ma per un momento solo, poi tenendo la testa di lui fra le sue mani lo baciò dolcemente sulla bocca. Giulia aveva capito di amarlo prima che lui capisse di amare lei. Fra un boccone e l'altro e fra un bacio e l'altro, cercarono di andare avanti con la cena, ma giunti al dolce, la tensione fra i due diventò tale che partirono e si avviarono verso l'appartamento di lui. Nasceva, così, una bella storia d'amore.

Parte seconda: Jack e Giulia si sposano

Nel giugno del 1993, si fidanzarono e nell'ottobre, un anno dopo il loro primo incontro, si sposarono in un bosco sulle rive del Potomac. Giulia, senza che se ne fosse resa conto, era già incinta di due mesi e, sette mesi più tardi, diede alla luce un bel bambino a cui venne dato il nome Joey, dal beneamato zio paterno di lei. Il neonato, che inizialmente appariva sano e robusto, era venuto a coronare la felicità dei due. Ben presto la giovane e bella famigliola si trasferì dall'appartamento monolocale a un altro più grande vicino al Pentagono. In novembre, Jack ricevette un avanzamento di carriera per cui non dovette più lavorare la notte o il fine settimana. All'inizio dell'anno seguente, anche a Giulia fu data una promozione e divenne così segretaria. Questo le diede la possibilità di continuare i suoi studi di chimica all'università, grazie anche ai due mesi di maternità.

Durante la giornata, il bambino veniva curato dalla nonna paterna, e la sera da Jack o, più spesso, dalla mamma. Nei due anni che seguirono il bambino crebbe secondo la norma e, infatti, crebbe così rapidamente da superare in peso il novanta percento dei bambini della sua età. Cominciò a camminare a dieci mesi e a quattordici mesi aveva già iniziato a dire qualche parola. Dormiva tutta la notte e piangeva soltanto quando aveva appetito o quando voleva un po' di attenzione. In tal modo, il piccolo Joey era diventato l'orgoglio e la gioia della famiglia.

Quando il bambino raggiunse i due anni e mezzo, qualcosa successe da scuotere radicalmente la vita della giovane famiglia. Dopo una visita pediatrica di routine, il medico aveva chiesto a Giulia di accomodarsi nel suo ufficio perché doveva parlarle in privato.

"Sono un po' preoccupato" aveva iniziato a dirle il pediatra che sembrava scoraggiato e più stanco del solito. "Spero di non correre verso conclusioni affrettate" così dicendo cercava di evitare gli occhi della donna, la quale, piena di apprensione, chiedeva spiegazioni al medico. "È la seconda volta che noto che la crescita del bambino si è bloccata. Penso ancora che non sia niente di preoccupante perché, per altro, il bambino parla bene, si muove energicamente, e ha un buon appetito. Quello che mi preoccupa invece è che l'altezza del bambino è da un po' di tempo sempre la stessa. Dovrò perciò controllarlo più assiduamente." A questo punto il medico si fermò e abbozzò un sorriso forzato.

Joey Spencer a 5 anni

Dopo quella visita, e per due anni consecutivi, fu sempre la stessa cosa. Il bambino aveva veramente smesso di crescere. Però parlava e correva come gli altri e anche meglio degli altri. Ma qualcosa non tornava e per scoprirne le cause, il medico ordinò esami speciali: esami del sangue, delle urine, della pelle, e ordinò radiografie e risonanze magnetiche. Niente. Tutto normale. Cominciò così la processione versi altri specialisti. Giulia lo portò da un pediatra endocrinologo, da un neurologo, da uno psichiatra, e infine, lo portò anche da una zingara la quale disse alla mamma, "Non mi stupisce. Il Pentagono fa il lavoro del diavolo! Quando tutti e due i genitori lavorano al Pentagono, il diavolo può infilarsi nella famiglia e...e..." la voce sparì nel semi-buio della piccola stanza che puzzava d'incenso. I medici d'altra parte non riuscirono mai raggiungere una diagnosi precisa. Tutti erano d'accordo che il bambino non era né anormale né nano.

Finalmente, nella primavera del 1999, il pediatra disse a Giulia "Sembra che ci sia una risposta e la causa potrebbe essere trovata nei vaccini che potrebbero procurare un tipo di autismo." Il medico infatti era al corrente d'un nuovo studio eseguito su pazienti affetti da autismo, possibilmente generato dal mercurio contenuto in certi vaccini.

"Allo stesso tempo" continuò il pediatra, "c'è anche la possibilità che non se ne trovi mai la causa, perché in medicina è possibile, dato che non si conosce tutto." Parlava con una voce tanto triste e sommessa che Giulia stentava a sentire quello che diceva. "Forse la cosa migliore a questo punto sia di mettere tutto nelle mani di Dio" aggiunse, guardando così un dipinto di Gesù, appeso alla parete.

Malgrado non crescesse, il bambino era sempre felice, intelligente e pronto a giocare a calcio con gli amici o a leggere un libro con la nonna. La sua zia paterna diceva che aveva una faccia piuttosto seria ma quando sorrideva aveva un sorriso così bello da renderlo amabile a tutti. A scuola, era capoclasse e imparò rapidamente l'alfabeto e le tavole pitagoriche. Due o tre volte alla settimana, Giulia gli insegnava anche il rumeno.

All'età di sei anni era alto come a due e anche se sembrava contento, i genitori erano sempre più preoccupati, specialmente la mamma che diveniva a poco a poco più depressa. Negli ultimi tre o quattro anni, era sempre stata solo Giulia a portare il figlio da tanti medici e a sottoporlo a tanti esami specialistici a Washington, Baltimore, Cleveland e una volta anche a Boston. Ed era stata ancora e sempre lei ad aspettare accanto al telefono i risultati degli esami e aveva lasciato il lavoro tante volte da essere quasi licenziata. Oltre ad essere depressa era anche arrabbiata: arrabbiata per il figlio che non cresceva, arrabbiata con il destino che aveva permesso una tale ingiustizia, e arrabbiata soprattutto con Jack che non aveva una risposta al problema.

"Tu non hai mai fatto quasi niente per lui", gli gridò una sera di giugno del 2000 mentre lei, come sempre, cucinava.

"Non l'hai mai portato dal medico o neanche fatto una sola telefonata ai dottori! Io penso che tu abbia vergogna di lui. Per te, tutto quello che conta è il tuo maledetto lavoro e uscire i venerdì sera per andare a bere la birra con gli amici" gli urlò questo e poi si mise a piangere. Non era stata questa la prima infuriata. Era successo tante altre volte e si ripeteva al meno due o tre volte al mese.

Questa volta, dopo aver taciuto un momento, Jack le disse con voce risoluta ma calma, da tecnico informatico, "Non è vero affatto e sai benissimo che l'ho portato dal medico molte volte all'inizio di questo incubo. Ora non lo faccio più perché mi rendo conto che non serve a niente fare e rifare gli stessi esami cento volte. Tu, invece, non sei mai contenta, ma sei sempre pronta a seguire inutili consigli, anche quelli delle zingare o di qualsiasi imbroglione che prometta false diagnosi e false cure." Intanto, la donna continuava a piangere più forte che mai. "Tu non mi ami più; né me e neanche il bambino. Non ami assolutamente nessuno all'infuori di te!" Corse così fuori dalla cucina gridando e continuando a piangere.

Parte terza: Il figlio è veramente ammalato

Le settimane che seguirono furono un incubo. Jack e Giulia litigavano incessantemente. L'uomo lavorava più del solito e spesso non tornava neanche a cena. Mangiava fuori e quando ritornava era sempre alquanto ubriaco. Il bambino intanto aveva difficoltà a dormire la notte e, per la prima volta in molti anni, piangeva durante il giorno. A scuola, i compagni di classe avevano cominciato a chiamarlo "nano", "cretino", "figlio di zingara", e "bastardo", al punto che il ragazzo si rifiutato alla mamma di andare a scuola. La madre, più depressa che mai, aveva smesso anche di mangiare e ogni sera si addormentava piangendo. La famiglia era totalmente in crisi. Per rendere le cose peggiori, il medico disse che i reni e il fegato del bambino avevano già cominciato a cedere.

Jack non sapeva più a che santo rivolgersi. Non aveva più

nessuno. I suoi erano morti da anni e non aveva parenti vicini a Washington. Verso la fine del giugno del 2000, decise di dare ascolto a un consiglio suggeritogli da un vecchio amico del Pentagono. Senza rivelarle la ragione, invitò la moglie a cenare allo stesso ristorante italiano dove avevano cenato anni prima e in tempi più felici.

Questa volta, invece di ordinare una bottiglia di vino, entrambi bevvero del tè freddo. Dopo aver assaggiato un po' di antipasto, lui le disse "Mi è venuta un'idea che forse aiuterà nostro figlio. Ricordi quel programma segreto XTP su cui avevo lavorato tanti anni fa?" Ella annuì senza entusiasmo, i suoi occhi erano gonfi ed arrossati per mancanza di sonno. Poi continuò, "Adesso, c'è una nuova versione del programma che si chiama XTP-2000. Con questo programma, gli scienziati sia al Pentagono che alla CIA hanno fabbricato una sostanza chimica bio-terroristica." Con queste parole, ella cominciò a piangere e gli disse, quasi gridando, "Ma che dici? Tu pensi che io sia stupida, che ti permetterei di dare a nostro figlio una sostanza chimica usata come arma di distruzione di massa? Una sostanza chimica per ammazzare la gente!"

Il Pentagono di Washington
Jack tacque un momento. "Non hai capito niente" aggiunse.

135

"Lasciami finire, per favore. Lo scopo di questa sostanza è di rallentare o arrestare la crescita delle cellule. Tre anni fa, i primi esperimenti eseguiti sulle piante e, più tardi su piccoli animali, hanno dato risultati spettacolari, meglio di quanto si aspettasse. Le piante e anche gli animaletti smisero di crescere e a poco a poco si ammalarono e fra il cinque o sei percento morirono." Giulia era arrabbiata e non aveva ancora preso un boccone.

"Che Diavolo c'entra con il mio Joey?" gli domandò. "Vuoi ammazzare il piccolo? Come mai siamo venuti qui per discutere queste cose?"

"Aspetta un altro momento" le disse. "La storia diviene sempre più interessante...e forse ci può offrire un barlume di speranza alla fine. Si è scoperto, infatti, che avevano somministrato una dose troppo forte e che avrebbero potuto realizzare gli stessi risultati con un decimo della sostanza. Anzi, una piccola percentuale delle piante e degli animali aveva cominciato a crescere. Si chiama un effetto paradossale e succede di tanto in tanto con le medicine, soprattutto nei bambini. Figurati! Una piccola dose fece crescere gli animali. I ricercatori pensano perciò che questa sostanza possa far crescere le cellule...in animali, in piante, e forse anche in esseri umani! Potrebbe aiutare il nostro bambino!" Per la prima volta in quasi due mesi, lei lo guardò negli occhi ed accennò un sorriso sulle labbra.

Il giorno seguente, Jack fece qualche domanda al Pentagono e scoprì che gli scienziati avevano già fatto contatto con una grande agenzia di farmacia in Svizzera per fabbricare la sostanza chimica che si chiamava A729-S. L'unico problema era che ci sarebbero voluti sette o otto anni come minimo per portare una medicina come questa dal laboratorio al mercato.

"Per cominciare, l'agenzia deve fare un sacco di esperimenti in piccoli animali" spiegò a Giulia per telefono. "Questa fase può durare due o tre anni. Poi, si iniziano gli studi negli esseri umani per scoprire la sicurezza, gli effetti avversi, la dose giusta, e così via per altri tre o quattro anni. A quel punto, Joey potrebbe essere già morto o un adolescente molto ammalato. Per fortuna, un amico mi ha spiegato che l'esercito statunitense ha già fatto tutte queste prove in segreto e i risultati sono molto promettenti." Ella tacque un momento poi scoppiò singhiozzando, "Che cosa possiamo fare, allora? Dove troviamo questa cosa - come si chiama A729-S? Suppongo che la fabbrichiamo nella cantina? Se lui morisse, mi ammazzerei."

"Senti, cara, forse ci sarebbe qualcosa che possiamo fare insieme. Io posso rimanere tardi al lavoro una sera. Credo di sapere in quale computer sia nascosta la formula di questa sostanza chimica. Se la trovo, tu potresti chiedere a qualcuno al reparto di chimica all'università di darti un po' d'aiuto per fabbricarla. Può anche diventare la tua tesi. Se abbiamo successo, potremo trattare il nostro figliolo, una goccia alla volta. Io direi che è l'unica strada che possiamo seguire a questo punto perché si sta ammalando gravemente a poco a poco e i medici hanno abbandonato la speranza."

Tre sere più tardi, Jack trovò la formula su uno dei computer del Direttore Generale. Allo stesso tempo, poté ottenere una copia di tutti gli esperimenti fatti dall'esercito e anche le istruzioni su come produrre la sostanza A729-S. Non gli sembrò molto complicato. Anche Giulia pensò che non sarebbe stato troppo difficile fabbricare una piccola quantità della sostanza chimica. Ma non poteva farla da sola nel laboratorio; avrebbe dovuto trovare l'aiuto di un professore all'università. Per fortuna, aveva fatto la conoscenza di una professoressa vicino alla pensione che fu felice di aiutarla. Così, durante i sei mesi che seguirono, insieme con la professoressa, e senza rivelare il vero scopo del lavoro, Giulia ebbe più successo di quanto si sarebbe aspettata: una piccola bottiglia della sostanza A729-S, un liquido rosso scuro con un profumo simile al vino.

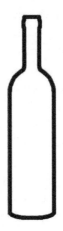

A729-S "Chianti Classico"

"Sarà pericoloso" disse al marito una domenica di marzo, 2001. "Ma a questo punto è l'unica speranza che esiste. I medici non possono fare niente e, a dire la verità, sono stanchi di vedermi nell'ambulatorio." Ella ormai era diventata più convinta di Jack che 'Il Chianti Classico', come lo chiamavano, sarebbe stato un successo. Aveva scoperto, per caso, un articolo pubblicato nel 1999 in Germania che descriveva buoni risultati di uno studio che usava la stessa sostanza chimica per trattare bambini che avevano problemi con la crescita.

Così, durante la primavera del 2001, i genitori di Joey cominciarono a dargli piccole dosi del 'Chianti Classico' a giorni alterni e poi, dopo un mese, ogni giorno. Niente. Non crebbe neanche un millimetro. Verso il settimo compleanno, la madre decise di dargli due dosi al giorno. Poi un giorno d'estate, Joey si svegliò gridando per dei forti dolori alle gambe e alla schiena. "Mamma, mamma!" gridò dalla sua camera da letto, "aiutami, aiutami! Tutto il corpo mi fa male. Non posso sopportare questi dolori. Che succede?" Per una settimana, restò a letto senza quasi dormire. Gli davano pillole antidolorifiche sempre più forti ma con poco successo. Verso la fine di luglio, i dolori calmavano a poco a poco e, per la prima volta in un mese, poteva stare in piedi senza dolore. Quando Giulia lo guardò quella mattina, si accorse che qualcosa era cambiata. "È possibile?" si disse. "No! Sarà un abbaglio! Non è possibile." Chiamò il marito in ufficio. "Devi venire qui! Subito!" Misurarono insieme il ragazzo che era cresciuto due millimetri.

"Sarà un errore. Dobbiamo aspettare un po' " le disse.

Ma la madre non poteva aspettare. Dopo tanti anni, dopo tutti questi guai, non poteva aspettare più e prese a misurarlo quasi ogni ora. Il giorno seguente, era cresciuto tre millimetri. Dopo un mese, quasi un centimetro!

"È un miracolo" le disse il medico in settembre. "È cresciuto più di tre centimetri in due mesi. Anche i reni e il fegato hanno ripreso a funzionare normalmente. Non ho mai visto un caso simile. Sarà un miracolo." e guardò un'altra volta Gesù sulla croce.

Gli Spencer non gli dissero mai niente del 'Chianti Classico' fatto in casa. In ottobre, Giulia fece un'altra bottiglia della sostanza chimica e ne diede come al solito due dosi al giorno al piccolo, che non era poi più così piccolo. A Natale, tutti e tre andarono al ristorante italiano dove festeggiarono la ritrovata salute del figlio con una bottiglia di Chianti Classico fatto in Toscana.

~ Fine ~

8

Le speranze

Alessandro Corleone, nato verso la fine degli anni '90 vicino ad Ancona, abitava con la madre, il padre e il nonno materno. Aveva 10 anni ed era figlio unico. Ottimo studente, durante il tempo libero aiutava anche la mamma nei lavori domestici. Per ottenere buoni voti, studiava molto e faceva i compiti diligentemente.

"Un giorno spero di diventare un avvocato famoso," si diceva spesso. Suo padre, però, aveva altro in mente per lui. Sperava che il suo unico figlio avrebbe un giorno lavorato nei campi con lui e come lui.

Ogni mattina Alessandro arrivava a scuola alle 8 in punto mentre il suo amico, Giorgio, arrivava sempre in ritardo, su per giù alle 8:15. Questa abitudine irritava l'insegnante, la signorina Chiara Benvenuti-Pasqua, che non voleva iniziare la lezione finché tutti gli studenti non fossero arrivati. Ogni giorno perciò, mentre aspettava che Giorgio arrivasse, questa rimaneva sulle spine a rosicchiarsi le unghie.

Perché la signorina Benvenuti-Pasqua aveva i nervi a fior di pelle? È possibile che qualche cosa la tormentasse? La verità è che non era felice, né come insegnante né con la sua vita personale. Aveva solo due grandi sogni: diventare una professoressa universitaria e sposare un uomo bello e ricco.

Un giorno Alessandro arrivò a scuola inaspettatamente alle 8:30, cioè 20 minuti dopo il suo amico Giorgio che, per caso, era arrivato quel giorno alle 8:10. Come potete immaginare, gentili lettori, la signorina Benvenuti-Pasqua era già infuriata e in stato di panico. Ma la cosa interessante fu che non era infuriata con Giorgio (il quale era quasi sempre in ritardo) ma con Alessandro, il suo studente preferito, che era sempre puntuale.

"Alexy," gli disse l'insegnante. Lui odiava questo nomignolo e così rimase di stucco mentre lei continuò. "Ho bisogno di vederti in ufficio a mezzogiorno. Voglio sapere perché sei arrivato in ritardo stamattina." La signorina voleva dire che era un po' delusa di lui, considerando il fatto che lui era il più bravo studente della classe e il più puntuale.

A mezzogiorno, Alessandro era nell'ufficio della sua insegnante. Era ovvio che fosse stanco! "Dimmi Alexy," quello sgradito nomignolo un'altra volta! "Mi sembra che tu sia molto stanco oggi. Vero? Non ti senti bene?" La signorina era ansiosa di avere una risposta.

Alessandro tacque. Poi, "No, signorina B-P," un nome finora non usato in sua presenza. "Anzi, mi sento molto bene," continuò. "Infatti, direi che questo è il più bel giorno della mia vita!"

"Questo mi stupisce!" disse lei, una persona che non si stupiva facilmente. "Ho notato che a malapena riuscivi a stare sveglio. Non hai dormito bene?" Lui rimase di stucco. Non poteva dire la verità. E la verità, qual era?

Eccola: La mamma del nostro scolaro (una donna di 41 anni che aveva perso la speranza di avere un altro figlio) non solo aveva scoperto di essere in dolce attesa ma aveva anche saputo che avrebbe avuto una bambina. La famiglia perciò aveva festeggiato tutta la notte perché tutti, e, in questo caso, tutti incluso tre nonni, due zii, una zia, cinque cugine non sposate, due nuore della zia e cinque generi di uno degli zii!...

Uno dei sogni di Alessandro Corleone

...perché tutti speravano in un altro bambino. Dopo 10 anni era comprensibile che tutti avessero perso la speranza. Si può dire perciò che la famiglia vedesse questo come un vero e proprio miracolo.

E il nostro caro Alessandro? Lui pregava da tempo di avere un fratellino, una sorellina o magari anche gemelli. Ma nel profondo del cuore puntava per una sorella, soltanto una sorellina. E, finalmente, la sua speranza si era materializzata.

~ Fine ~

9
L'avventura del cervo

Era dicembre, due anni fa mentre ritornavo dall'ospedale durante una notte fredda, buia e nevosa, vidi un grande e maestoso cervo al centro della strada. La neve fioccava con tale profusione da rendere invisibile ogni albero di fronte a me.

Fortunatamente, i fari della mia macchina illuminavano i palchi di un cervo e mi accorsi che alcuni di essi erano spezzati: specialmente, quello più alto a destra e quello più basso a sinistra. In questo modo, la testa del povero cervo appariva deforme: una visione indimenticabile.

Un grande e maestoso cervo

Dopo questo insolito incontro durante la grande nevicata, non pensai più al cervo con la testa deforme fino a quando decisi di

144

visitare i miei genitori nel sud del Vermont un mese dopo, un viaggio di più di 300 miglia. In quei giorni, i miei abitavano con mia sorella nel sud dello Stato in una grande e vecchia cascina, circondata da boschi che ospitavano alci, orsi, volpi e cervi.

La prima notte che passai lì fu buia, fredda, e nevosa con un vento gelido proveniente dal Polo Nord, un vento che fischiava incessantemente fra i rami degli alberi intorno alla cascina-- simile alla notte del mio primo incontro con il cervo dalla testa deforme.

Fuori la temperatura era calata a 8° F ma dentro la casa, i camini riscaldavano piacevolmente le stanze e le persone. Finalmente, verso le 22, tutti andarono a dormire, eccetto io che non riuscivo a prendere sonno. Decisi così di ritornare nella biblioteca dove si trovava il più grande camino della casa.

Mentre bevevo una birra e leggevo un giallo spaventoso, sentii un rumore in lontananza. All'inizio, pensai che fosse soltanto il fischio del vento tra gli alberi intorno alla casa. Più tardi però, il rumore si fece più intenso e sembrava venire verso di me. Tutto ad un tratto, sentii bussare alla finestra dalla parte occidentale. Mi avvicinai ai vetri ma non potei vedere nulla. Forse qualche ramo era stato abbattuto dal peso della neve. Rimasi in ascolto e risentii lo stesso rumore, questa volta ancora più chiaro. Era forse qualcuno che nella tormenta si era disorientato e aveva perso la strada.

Due giorni prima della mia visita nel Vermont, mia madre aveva scorto un orso nel bosco di fronte alla cascina, perciò non volli andare fuori nel timore di trovarmi faccia a faccia con la bestia. Allo stesso tempo, mi rendevo conto che qualcuno o qualche cosa aveva bisogno d'aiuto.

Col cuore in gola, aprii la porta accanto alla finestra. Inizialmente non credetti ai miei occhi: lo stesso cervo dalla testa deforme di una notte lontana che avevo incontrato vicino all'ospedale a Washington, era proprio davanti alla cascina dei miei genitori. Com'era possibile? Come mi aveva trovato?

Come aveva fatto un viaggio così lungo? Quando mi avvicinai per aiutarlo, improvvisamente si girò e scomparve nel buio della notte. Non lo rividi mai più.

~ Fine ~

Parte Prima: La primavera

La primavera comincia nel nord-est degli Stati Uniti verso la fine di marzo. La temperatura è ancora fredda e ci sono venti che soffiano dal Nord. Ma, come miracolo celeste, tutto ad un tratto, i ragazzi che giocano per le strade possono cominciare a sentire sulle guance un vento soffice e più tiepido di prima.

Allo stesso tempo, l'occhio dell'esperto della vita campestre, può notare i gonfiori dei ruscelli e può sentire le nuove voci della natura.

Nei giardini intorno alle case più eleganti, i passanti meno distratti possono scorgere i primi germogli che fra poco fioriranno. Quando il vento diviene più caldo, in aprile e maggio, arrivano stormi di uccelli e purtroppo, un signore da una casa elegante, per farsi grande all'occhio della sua amante, spara ai poveri uccelli.

La Signora Borea fa il suo famoso limoncello

Parte Seconda: L'estate

L'estate ufficiale comincia il 21 giugno quando i germogli primaverili prendono vita e forma complete. Il 21 giugno è una data speciale quando la notte dura poco e il nuovo giorno innocente comincia con i raggi brillanti del sole che toglie di buon'ora la gente dal letto.

Giugno è un mese importante per tutti i ragazzi che, come i germogli, diventano più attivi e pieni di una vita nuova; allo stesso tempo, questi ragazzi divengono spensierati perché la scuola è chiusa e il bel tempo permette loro di divertirsi all'aria aperta.

Con l'avanzare dell'estate, il sole e il caldo di luglio bruciano le foglie che presto cadranno. Il cielo notturno è ancora sereno e costellato di stelle che intorno al 10 agosto cominciano a cadere e pare che il cielo pianga.

Verso la metà di agosto, l'aria è in festa, grazie alle lucciole che illuminano la sera anche quando il cielo è coperto. Intanto, le cicale cantano per dare allegria al creato e i ranocchi rispondono dallo stagno.

Per alcuni, mentre tutto il mondo diviene più felice, grazie al bel tempo e alle lunghe ore di sole, l'estate può portare un po' di malinconia al pensiero dell'autunno imminente e delle foglie che presto cadranno. Durante gli ultimi giorni d'agosto quando il nuovo semestre scolastico è alle porte, i genitori più attenti possono scorgere nei loro figli una leggera tristezza.

La fine dell'estate rattrista il cuore del poeta e dei bambini che devono ritornare a scuola; i giorni si accorciano e gli uccellini lasciano il nido perché fra poco dovranno volare in cerca di un'altra estate.

Parte Terza: L'autunno

Oggi è l'inizio di ottobre, un giorno tipicamente autunnale. Mentre fuori comincia a far freddo, il tepore dell'estate è ancora fresco nella nostra memoria. Solo pochi giorni fa, era possibile andare fuori scalzi e in maniche di camicia. Adesso, mentre gli alberi si svestono delle loro chiome, la gente ricca e povera deve ripararsi dal freddo e vestirsi con abiti caldi.

Allo stesso tempo, gli animali devono andare in cerca di provviste e di ripari dove svernare. E mentre gli animali cercano le lore tane, gli uccelli, come ogni anno, spiegano le ali verso climi caldi che avevano lasciato sei mesi prima. Senza gli uccelli, la natura si prepara al sonno dell'inverno in attesa del risveglio di una nuova primavera.

Per i bambini, tristi per il loro ritorno a scuola, una parte di questa stagione è festosa. È il momento della sagra della zucca che signoreggia nelle feste del ringraziamento quando la zucca diventa una squisita crostata.

Parte Quarta: L'inverno
Verso la fine dell'autunno quando attraversiamo i mesi di ottobre e novembre, il sole cala un po' prima ogni giorno e le notti divengono sempre più lunghe e più difficili da sopportare. Le brezze portano negli angoli nascosti dei piccoli villaggi lontani delle valli, il freddo della neve dalle cime delle montagne. Queste brezze sono un bisbiglio sottile che avverte l'arrivo dei tempi brutti dell'inverno.

Alla fine di novembre, il giorno del ringraziamento arriva come l'ultimo sospiro dell'autunno. Tutti i genitori vogliono che questo sia un giorno di tranquillità e pace per i bambini. Ma, purtroppo, questi sanno bene che l'inverno, e con questo, Natale, stanno per arrivare. Questo atteggiamento si chiama "L'ombra di Natale" e, invece del tacchino, tutti i bimbi ricchi o poveri pensano ai negozi già pieni di giocattoli, ai libri e ai dischi per tutti i membri della famiglia. Così, sognano sempre il Natale e tutti i regali che sperano di ricevere. È quasi impossibile ai piccoli concentrarsi, durante il giorno del ringraziamento, sui doni della natura, sulla famiglia e sulla vita agiata regalata loro dal Creatore. Per i raggazzi molto poveri, la storia è diversa: loro sognano soltanto un po' di pane per i loro stomaci vuoti.

L'inverno comincia il 21 dicembre proprio durante le 24 ore del solstizio invernale, quando i raggi del sole sono i più corti di tutto l'anno e quando il buio della notte sembra che non finisca mai. Della gente dice che è il momento più brutto di tutto l'anno. Ma gli anziani sanno bene che, il giorno seguente, il sole brillerà un po' più a lungo e con questo arriveranno un anno nuovo pieno di speranza e la possibilità d'un futuro migliore.

L'inizio dell'inverno è un periodo di contraddizioni estreme: un giorno fa freddo da far desiderare escursioni sui campi di sci e il giorno seguente, poi, fa così caldo da incoraggiare i più piccoli della famiglia a spingere le mamme a cercare una piscina.

Con i giorni che muoiono alla fine di dicembre, arrivano le feste di Natale e Hannukah, giorni tanto anticipati. Per festeggiare questi giorni, si fa cibo abbondante e delizioso, la casa è ornata con luci di molti colori e, in tutti gli angoli, sono nascosti regali e gioielli sia per i bambini che per gli adulti.

Per un momento, ma soltanto un momento, tutti scordano i problemi di ieri e parlano di un futuro pieno di sogni meravigliosi. Sfortunatamente, subito dopo tutte queste feste gioiose, arrivano giorni nuvolosi quando i genitori sono stanchi e irritabili e i parenti ospiti non vogliono ritornare subito alle loro case. Questi giorni dopo le feste, tanto desiderate e aspettate, per alcuni possono essere pieni di tristezza e di noia. Di nuovo scende "L'ombra di Natale" sulla vita del 21° secolo in un paese sovraccaricato di capitalismo e di corruzione.

Mentre gli adulti stanno dentro godendo bevande alcoliche di fronte al camino, i bambini stanno fuori a giocare nella neve e a cercare i germogli primaverili ed altri segni di una stagione a venire. Per tanti, l'inverno è la loro stagione preferita, ma, allo stesso tempo, nel segreto dei loro cuori, sognano i fiori di primavera e il tepore dell'estate.

Durante i primi giorni di marzo, di tanto in tanto, si possono vedere degli uccelli che sfidano il freddo e scorgono un nido che promette l'arrivo d'una nuova primavera.

~ **Fine** ~

11
Un delitto capitale

Parte prima: incontriamo il giovane Giorgio
Pochi minuti dopo le tre del pomeriggio del primo maggio
1983, Giorgio Napolitano salì in treno a New York diretto a
Washington. L'aria era fresca ma umida a causa della pioggia
che era caduta sulla città. Giorgio cercò un posto nell'ultima
fila della prima carrozza. Scelse di sedere accanto a una finestra
durante un viaggio che sarebbe durato più di tre ore. Lui era
stanco e oltre a guardare il paesaggio primaverile sperava di
schiacciare un pisolino. Il posto accanto a lui rimase vuoto fino
a quando il treno si mosse.
  "Sono stanco morto," disse tra sè e chiuse gli occhi. "Che
brutta giornata! Che brutta città! Non voglio ritornarci mai."
Giorgio, nato nei sobborghi di New York nel 1960, era
cresciuto nei pressi di Washington. Era italo-americano, di
madre americana e di padre italiano. Da giovane, voleva
diventare medico ma durante il secondo anno di università
cambiò idea e decise di diventare avvocato. Infatti, la ragione
per cui lui era andato a New York era un'intervista alla facoltà
di legge alla NYU. Purtroppo, l'intervista fu un mezzo fiasco.
Giorgio non si sentiva a suo agio e non riusciva a rispondere
facilmente alle domande del vice decano. Studente mediocre
non aveva mai ricevuto alti successi scolastici. Per qualche
ragione, durante l'intervista non riusciva a spiegare perché
aveva cambiato facoltà al secondo anno accademico.
"Perché vuole diventare avvocato?" Domandò il vice decano.
Era una domanda semplice e molto comune, ma era anche una
domanda molto importante. Invece di rispondere con una
risposta chiara e ben pensata, Giorgio esitò e guardò fuori dalla
finestra dietro al professore. Al di là vide un grattacielo
altissimo e splendente. "Che bella architettura," pensò fra sé e
sé. "Forse dovrei diventare architetto."

"Dunque... Architetto... Avvocato... Bene," cominciò a dire Giorgio. Poi, tutto ad un tratto disse, "per fare soldi. Voglio diventare avvocato per fare soldi." Dopo un momento aggiunse, "prima di tutto, vorrei fare un po' di soldi e poi andare in Italia a godermela." Fù una risposta onesta ma l'onestà non è lo scopo di un colloquio con un professore di legge di un ateneo prestigioso.

Più tardi Giorgio non riusciva a spiegarsi perché avesse detto una cosa così stupida. "Signore," disse il vice decano. "Non riesco a capire questo colloquio. Ha sprecato sia il mio tempo che il suo. Il colloquio è terminato."

Dopo questo fiasco, Giorgio cercò un bar per bere qualche cosa di forte. "Che ho fatto oggi?" Si disse. "Ho rovinato tutta la mia carriera. Che diranno i miei genitori? La mia povera mamma con tutti i suoi sogni, che dirà a tutte le sue amiche?" Bevve un altro sorso di whisky. Poi corse alla stazione per prendere il treno e ritornare a Washington. Un giovane depresso e quasi ubriaco!

Parte seconda: incontriamo la signorina Gabriella

Il primo maggio 1983 fù una giornata festiva per Gabriella diSilva. Era venuta a New York il giorno prima per festeggiare insieme ad alcuni parenti italiani a Brooklyn il suo 22° compleanno. Gabriella, nata nei pressi di Roma, a 11 anni era immigrata negli Stati Uniti dove era cresciuta nei sobborghi di Washington. Parlava altrettanto bene sia inglese che italiano ma, ad eccezione di quando era con i suoi, preferiva parlare inglese. All'università di Georgetown a Washington, frequentava la facoltà di legge e sperava di diventare avvocato come il suo zio preferito.

La sera del suo compleanno, cioè il 30 aprile, ci fù una grande festa alla casa della sua cugina preferita, che si chiamava Giulia. C'erano più di 40 persone e, purtroppo, Gabriella alzò il gomito un po' troppo. Fece un errore molto comune fra i giovani: mescolò le sue bevande. All'inizio della festa, bevve un bicchiere di vino rosso italiano e poi due bottiglie di birra tedesca. Aveva mangiato poco e più tardi, per far compagnia a due ragazzi sconosciuti, e forse per dar loro l'impressione di essere più sofisticata e più matura di quanto fosse in realtà, bevve due bicchieri di whisky. Verso mezzanotte svenne nella camera da letto di sua cugina Giulia mentre era in compagnia di due ragazzi.

Non fù mai chiaro perché fosse andata nella camera da letto insieme con quei due sconosciuti e non fù mai chiaro perché fosse seminuda nel letto dove la scoprì la cugina. Infine, non fu mai chiaro che le avessero fatto i ragazzi mentre lei era accasciata sul letto di sua cugina. Nessuno conosceva i nomi dei ragazzi e nessuno sapeva chi li avesse mai invitati alla festa. E, purtroppo, quando Giulia la scoprì nel suo letto, era troppo tardi. I giovani sconosciuti si erano dissipati.

La mattina seguente, il primo maggio, Gabriella si svegliò con un terribile mal di testa. "Che è successo ieri sera?" Chiese a Giulia. Sua cugina era triste e scoraggiata. "Povera Gabriella," si disse Giulia. "Quando imparerà?" Poi disse a Gabriella, "tu hai bevuto troppo ieri sera. È stata una bella festa ma tu devi imparare a non bere così tanto e soprattutto non in compagnia di sconosciuti."

"Sconosciuti?" Chiese Gabriella. "Che dici? Io sono andata nella tua camera per riposare perché ero stanca."

"Non ricordi, Gabriella? Sei andata nella mia camera insieme con quei due mascalzoni. Quando io non potevo trovarti verso l'una, ti ho scoperta nel mio letto seminuda! Non sapevo cosa pensare."

"Tu pensi che mi abbiano violentata? Io ho 22 anni e non sono mai stata a letto con nessuno. Quanto mi vergogno!"

Più tardi quella stessa mattina, Gabriella fece la valigia e salutò sua cugina. "Purtroppo devo scappare. Devo prendere il treno e ritornare a Washington per finire i miei esami alla scuola di legge. In un anno diventerò avvocato e spero di guadagnare soldi per conto mio." Si abbracciarono e poi

Gabriella prese un taxi per la stazione ferroviaria.

Poco dopo le tre, salì in treno e cercò un posto. A dire la verità, voleva un posto appartato. Era triste e sconvolta dalla possibilità che fosse stata violentata durante la festa del suo compleanno. "Devo cambiare vita," si disse. "Non voglio avere a che fare con uomini. Voglio concentrarmi sugli studi e diventare il miglior avvocato possibile. Inoltre, a partire da oggi, non voglio più bere. Niente uomini, niente alcol!"

Il treno per Washington era affollato quel giorno. Fù molto difficile trovare un posto anche per una bella signorina. Era pieno di turisti che volevano visitare Washington per vedere i suoi monumenti e i bei fiori. Finalmente, nella terza carrozza, Gabriella vide un posto vuoto nell'ultima fila. Il posto accanto era occupato da un bel giovane che guardava alla finestra. Non le piaceva questo posto ma non ebbe altra scelta. Sedette e cominciò a piangere. "La vita non è giusta, non è proprio giusta," disse Gabriella sottovoce due o tre volte. Giorgio, che parlava italiano abbastanza bene, la sentì. "Che diavolo?" disse fra i denti e chiuse gli occhi per dormire.

Parte terza: Gabriella e Giorgio viaggiano insieme a Washington

Giorgio aveva dormito per quasi un'ora prima di svegliarsi. Allo stesso tempo, Gabriella continuava a piangere dolcemente. Quando finalmente Giorgio si accorse che la ragazza accanto a lui piangeva, le chiese con una voce dolce e piena di tenerezza, "Perché piange, signorina? Qualcuno le ha fatto qualcosa?"

Gabriella non sapeva che dire. Mai, prima di allora, aveva sentito una voce maschile così piena di tenerezza e di dolcezza. "Non voglio parlare con questo sconosciuto," si disse. "Non voglio ammettere a nessuno la mia tristezza e quello che mi è successo.

Il treno che portava i due sconosciuti

In quel momento, il treno entrò in una lunga galleria. La carrozza diventò buia e per qualche minuto questi due sconosciuti rimasero, uno accanto all'altro, come due statue di pietra in un museo. Nel buio e nel silenzio del treno, Gabriella, tutto ad un tratto, si sentì a suo agio e cominciò a rilassarsi e poi a parlare. Più tardi, non si potette spiegare esattamente quello che era successo e perché aveva raccontato i dettagli della sua vita ad un perfetto estraneo. Cominciò a parlare e raccontò tutto quello che era successo durante il viaggio a New York: il compleanno, la festa, le bevande l'alcol e, infine, la storia degli sconosciuti e il letto di sua cugina (non accennò che lei si era trovata seminuda in quel maledetto letto).

Durante tutto questo tempo, Giorgio si morse la lingua e non disse niente. Per Gabriella, questa fù una bella sorpresa. Non aveva mai incontrato un ragazzo così gentile, così capace di ascoltare invece di parlare di sè. Benché lui fosse un estraneo, cominciò a sentire una certa tenerezza per questo ragazzo che sembrava molto rispettoso. A poco a poco, Gabriella si sentiva sempre più a suo agio. Avrebbe potuto parlare tutta la giornata. Dopo aver raccontato la storia della sua visitina a New York, senza un minuto di sosta, cominciò a raccontare altri particolari della sua vita: la nascita a Roma e i primi anni passati in Italia, i suoi genitori e qualche particolare della vita di sua madre italiana e, infine, parlò dei suoi studi alla facoltà di legge a Washington.

Finalmente, mentre passavano attraverso un'altra lunga galleria, si girò verso di lui e gli disse, "Mi chiamo Gabriella diSilva. Molto piacere di fare la sua conoscenza. Generalmente, non parlo tanto. E lei come si chiama?"

"Giorgio, Giorgio Napolitano, molto piacere di fare la sua conoscenza," all'ultimo momento decise di parlare in italiano perché aveva sentito un leggero accento italiano nella voce della signorina. Così, per il resto del viaggio a Washington tutti e due conversarono in italiano. Lui fù molto contento di raccontarle delle sue avventure a New York e il suo colloquio disastroso col vice decano. In poco tempo, i due sconusciuti cominciarono a parlare come fossero vecchi amici, scambiando barzellette e aneddoti delle loro vite. Verso le 6:30 della sera arrivarono a Washington felici di aver fatto amicizia.

Parte Quarta: Un'amicizia non comune
Questa non era un'amicizia comune. Il giorno dopo il viaggio in treno, Giorgio chiamò Gabriella per invitarla a prendere un caffè insieme. Chiacchierarono senza sosta delle loro vite: delle loro gioventù, delle loro famiglie, dei loro studi e delle loro speranze per il futuro. Era così iniziata una lunga e bella relazione.

Giorgio e Gabriella continuarono a vedersi per quasi sei mesi prima del primo bacio. Il problema era che la mamma di Gabriella, vecchia signora napoletana, aveva idee molto rigide riguardo il comportamento di giovani innamorati. Così, ogni volta che i giovani andavano al cinema, a un concerto o nel parco per una passeggiata, la mamma andava con loro. All'inizio, Giorgio non poteva neanche tenere la mano di Gabriella senza che la mamma di lei gli desse sguardi scuri e minacciosi.

"Dai, mamma," diceva la figlia a volte. "Lasciami stare.

Perché non puoi permettere che Giorgio mi dia un bacio? Vorremmo soltanto passare dei momenti in privato."

E la mamma rispondeva sempre lo stesso. "Per me, non m'importa quello che faccia lui. È la tua condotta che conta. Io sono tua madre e desidero solo il tuo bene. E desidero inculcarti gli insegnamenti delle nostre ave.

E così andava avanti la vita, a volte dolce ed a volte amara fino al giorno quando la mamma si ammalò. Forse anche Dio era ansioso di vedere la cara Gabriella fra le braccia di Giorgio. Ma alla fine, non era una malattia seria ma almeno per pochi giorni la mamma non potè lasciare la casa. Questo diede finalmente a Giorgio l'opportunità di essere solo con la sua amata.

"Gabriella, cara," le disse Giorgio al telefono. "Domani, dopo la tua ultima lezione, potresti incontrarmi su viale nazionale? Ho qualche cosa molto importante da dirti."

"Puoi dirmi adesso?" Gli rispose. "Non posso aspettare tanto tempo."

"No," disse lui. "Voglio che tu mi incontri sul viale, proprio al monumento commerativo di FDR. Poi, te lo dico. FDR è il mio presidente preferito e forse la persona più importante nella storia degli Stati Uniti. Durante la seconda guerra mondiale, mio padre aveva lavorato alla Casa Bianca per uno degli assistenti di Roosevelt.

Il monumento di Roosevelt

Giorgio tacque per un momento. Il cuore gli batteva mentre pensava a quello che voleva dire al suo amore. Poi riprese il racconto. "Una volta mio padre doveva portare qualche documento importante nell'ufficio del Presidente. Invece di leggere quel documento, il Presidente cominciò a fare qualche domanda a mio padre a proposito della sua famiglia. Per qualche ragione, lui era molto interessato al nome di mio cugino, Lauro, e lui voleva sapere tutti i dettagli della vita e della morte di Lauro de Bosis. Mio padre fù molto orgoglioso di questa conversazione e non si stancò mai di raccontare la storia di Lauro a tutti i nostri parenti e amici."

Gabriella rimase turbata da questo racconto. Non sapeva che cosa aspettarsi. Era possibile che lui volesse baciarla? Era possibile che lui volesse fare di più? Forse c'era un posto nascosto vicino al monumento di FDR. Lei diventò troppo eccitata per parlare di più. "Devo lasciarti, caro," gli disse. "Devo correre ad aiutare la mia mamma ammalata."

Prima dell'incontro più importante della sua vita, Gabriella non potè dormire neanche un momento. Finalmente, il giorno arrivò e dopo aver assistito alla sua ultima lezione all'università, una lezione che trattava del 23° Canto dell'Inferno, lei si recò al viale. Dopo una ricerca di mezz'ora trovò il monumento splendido di FDR, fatto di quattro camere-- una camera per ogni amministrazione-- nascosto all'ombra di qualche albero. Accanto all'ingresso del monumento, Giorgio era inginocchiato e con un sorriso splendido le mormorò, "Gabriella, gioia della mia vita, amore del mio cuore, la più bella signorina di tutto il mondo, ti prego, posso avere la tua mano in matrimonio?"

Senza dire una parola, Gabriella corse verso di lui e anche lei si inginocchiò. Senza esitare un momento, Giorgio le baciò le belle e vergini labbra, un lungo bacio tanto delizioso quanto un lungo sorso di vino bianco in primavera. Finalmente, dopo che Gabriella l'aveva baciato 100 volte, gli disse semplicemente, "sì."

Parte Quinta: Le nozze e un ricevimento favoloso

Le nozze si svolzero in una vecchia chiesa vicino alla sedicesima strada. "Mi piacciono tantissimo le nozze," bisbigliò a nessuno in particolare una giovane nipote della mamma. Poi, con un fazzoletto in mano, aggiunse "Mi fanno sempre piangere. E mi piace tanto piangere." Alla fine della cerimonia quando Giorgio poté baciare la sua sposa per la prima volta, questa nipote svenne "come corpo morto cadde", per dirla alla maniera di Dante.

Subito dopo le nozze, il ricevimento ebbe luogo accanto al monumento di FDR. Fù un ricevimento favoloso e affollato di tanti amici e parenti di entrambe le famiglie. I genitori del papà di Giorgio arrivarono dall'Italia insieme con tanti parenti di Gabriella troppo numerosi da contare. Fù ovvio a tutti che il padre di Gabriella, Ernesto, un commerciante umile dei sobborghi di Washington, fece tutto il possibile per festeggiare a modo la bella figlia. Quello che non sapeva nessuno era che Ernesto non poteva permettersi molto perché la sua piccola impresa era quasi in fallimento. Ma lui, uomo orgoglioso e, possiamo dire un po' stupido, invece di avere un ricevimento piccolo e modesto nell'appartamento dei suoi genitori in una casa di riposo nei pressi di Washington, prese in prestito una grossa somma da un amico poco onesto per festeggiare in grande stile il matrimonio della figlia. Che Dio lo benedica!

Per fare una grande impressione coi genitori di Giorgio, Ernesto fece una seconda stupidaggine anche più seria della prima: aveva preso in prestito altri soldi dallo stesso amico corrotto e scabroso per comprare un piccolo appartamento agli sposini in via Reno non lontano dalla Cattedrale Nazionale. Non posso dirvi, gentili lettori e lettrici, quanti guai arrivarono alla soglia di questo appartamento carino, dove gli sposi andarono a vivere dopo una lunga e felicissima luna di miele attraverso alcuni parchi nazionali dell'ovest del paese. Tutto pagato dal padre di Giorgio, di nome Marcello Napolitano.

Durante la terza giornata della felicissima luna di miele al Grand Canyon, Gabriella cadde e si fratturò la gamba sinistra in tre posti. Il giorno dopo, si era sottoposta a un intervento chirurgico dopo di che era stata ricoverata in una clinica con una prognosi di due settimane di degenza in un centro riabilitativo. Questo sfortunato incidente rovinò tutti i piani dell'ultima fase della luna di miele. Ma quando c'è un amore come quello di Giorgio per Gabriella, un piccolo incidente in un parco dell'ovest americano non importa niente; infatti, può rendere l'amore più forte che mai.

Parte Sesta: Gabriella diviene avvocato

Quando i nuovi sposi ritornarono a Washington, cominciarono a vivere una vita nuova ed eccitante. Giorgio lasciò gli studi di legge e intraprese un corso di studi alla facoltà di medicina a Georgetown. Allo stesso tempo, la nostra cara Gabriella si laureò in legge e cominciò a lavorare per un prominente studio legale di Washington.

Quando non studiavano, questi amanti studiosi invitavano tutti i loro amici più intimi a festeggiare i sabato sere al loro appartamento vicino alla Cattedrale Nazionale. Visto che nessuno dei due guadagnava molto, per pagare queste feste indimenticabili, loro dovevano prendere in prestito qualche soldo dal padre di Gabriella. Questi, sfortunatamente, a sua volta, doveva recarsi dal suo discutibile socio perché non sapeva negare niente alla bellissima figlia.

Sebbene l'appartamento degli sposi fosse piccolo, era ben arredato. Inoltre, si trovava al quinto ed ultimo piano dell'edificio. Questo significava che si poteva, per via di una scalina nascosta, raggiungere un piccolo terrazzo privato con una bella vista di tutte le chiese e dei monumenti famosi di Washington, soprattutto quelli accanto alla riva del fiume Potomac.

Un giorno, quando Gabriella era ancora a lavoro, Giorgio era solo nell'appartamento. Fuori faceva caldo e lui voleva abbronzarsi sul terrazzo. Mentre giaceva sotto il sole in costume da bagno, sentì un alterco provenire dal terrazzo accanto. Erano due uomini, uno più o meno della stessa età di Giorgio e l'altro più vecchio, sulla quarantina. Giorgio non poteva vedere bene tutto quello che accadeva ma sentì qualcuno gridare, "Non dire questo. È una bugia. Ti ammazzo se lo dici ancora!" Era l'uomo più anziano che faceva la minaccia. Portava una camicia bianca a strisce rosse e pantaloni scuri. E aveva un orecchino all'orecchio sinistro. Più tardi, quando Giorgio parlò con un poliziotto, non poté ricordare più che "il vecchio" portava quell'orecchino. Potè, però, ricordare bene la camicia bianca a strisce rosse.

"È vero. È vero!" Gridò ad alta voce "il vecchio" che era arrabbiatissimo. Giorgio era sicuro di aver sentito questo. Per un momento, nessuno diceva niente. Poi, "Se non paghi, ti giuro, ti ammazzo!" disse "il vecchio". Afferrò una pistola dalla sua cintura e con due mani sparò due colpi. Il giovane cadde come corpo morto cade.

Quello che ha visto Giorgio

Giorgio cercò di non ascoltare questa lite sgradevole. Ma, sfortunatamente, lui fù testimone inesorabile. Poi, mentre guardava con gli occhi spalancati quello che era successo sul terrazzo accanto—a solo una ventina di metri di distanza--il vecchio, con la camicia bianca a strisce rosse, adesso coperta di sangue, guardò un momento, e solo un momento, negli occhi spalancati di Giorgio. Fù soltanto un istante ma sufficiente perché Giorgio si rendesse conto di aver visto per la prima volta, la faccia del diavolo. Allo stesso tempo, Giorgio si rendeva conto che il delitto del vecchio aveva un testimone.

Compiuto il delitto, il vecchio tagliò corda, lasciando alle spalle il corpo esanime d'un giovane. Per un momento, prima di scomparire, Giorgio e il vecchio avevano scambiato occhiate. Nel guardare il giovane studente di medicina, l'assassino aveva gridato parole che Giorgio non avrebbe mai dimenticato, "Non dica mai niente a nessuno, ragazzo! Ricorderò la sua faccia per sempre!" Poi aveva aggiunto, "Posso ammazzare anche lei!"

Parte Settima: Un delitto capitale

Giorgio rimase paralizzato per un momento sul terrazzo. "Non so che cosa fare," disse tra sè. Era terrorizzato. "Quel vecchio ha detto di non dire niente a nessuno. Non voglio essere un eroe." Poi pensò a FDR e questo pensiero gli diede coraggio. "Devo fare il mio dovere. Per l'America, per Gabriella." Poi, tutto ad un tratto, pensò al povero giovane che era stato ucciso. "Dio mio!" Disse Giorgio ad alta voce, mentre guardava all'altro terrazzo dove il giovane giaceva per terra. Senza muovere. "È possibile che sia morto? Devo affrettarmi a telefonare ai poliziotti."

Giorgio scese la scaletta in fretta e andò al telefono. Con la voce tremante, gridò al poliziotto, "È morto! È morto! L'ho visto proprio con i miei occhi. Lui ha sparato a un giovane!" Come tanti americani della sua età, comunque, era ancora immaturo e incapace di pensare chiaramente quando c'era un pericolo. Allo stesso tempo, aveva paura per la vita sua. Dopo un momento, aggiunse al telefono, "L'assassino ha detto che avrebbe potuto ammazzare anche me. Che posso fare?" Era una cosa stupida da dire. Giorgio stava pensando soltanto a se stesso e non al poveretto che giaceva sul terrazzo.

Quando i poliziotti arrivarono una mezz'ora più tardi,

scoprirono che il giovane era già morto, gli avevano sparato due volte: una volta alla pancia e una volta al cuore. "Che cosa ha visto, raggazzo?" chiese un tenente basso e grasso in un accento del Sud. Era ovvio che avesse mangiato troppa pizza. "Può darmi una descrizione dell'assassino? Alto, basso, abbronzato, vecchio? Alcun dettaglio?"

"Non so," disse Giorgio. "Tutto è successo così in fretta." Tacque un momento poi disse la prima cosa che gli venne in mente. "Mi sono sposato pochi mesi fa con una bella ragazza italiana... Ma... Sono tanto terrorizzato in questo momento che non posso pensare chiaramente." Guardò il poliziotto come se fosse l'assassino. Poi trattenne un respiro profondo. "Deve sapere che sono italo-americano, madre americana e padre italiano, e in questi giorni sono soltanto un umile studente di medicina. Voglio vivere qui a Washington in pace e non voglio disturbare nessuno. Mi sono messo questo costume da bagno e sono andato sopra soltanto per prendere un po' di sole mentre la mia moglie stava fuori casa a lavorare in uno studio legale... Ma..." Giorgio non aveva mai parlato così in fretta e adesso non potè neanche ricordare la domanda che gli aveva fatto il tenente.

In quel momento, e soltanto in quel momento, arrivò la moglie. Tutto ad un tratto Giorgio divenne più rilassato e mentre teneva la mano di Gabriella, disse a tutti, "Adesso posso ricordare qualche dettaglio di quell'assassino. Era vestito con una camicia bianca a strisce rosse. E aveva un orecchino." Prima che il tenente potesse chiedere in quale orecchio, Giorgio aggiunse, "Non posso ricordare quale."

"Che assassino? Che orecchino?" Gridò la bella moglie. Era arrabbiata. "Che è successo nella casa mia? Chi sono tutti questi poliziotti nel mio salotto?" Visto che suo padre le aveva comprato tutto per l'appartamento, lei sempre diceva "La *mia* casa, il *mio* salotto" invece di dire "La *nostra* casa, il *nostro* salotto". Questo non piaceva mai ad Giorgio ma che avrebbe potuto dire? Era la verità. Invece di discutere questo punto irritante con la giovane moglie in questo momento, le raccontò tutti i dettagli del suo pomeriggio sul loro terrazzo.

Parte Ottava: Gli innamorati litigano

Dopo che i poliziotti furono partiti, Gabriella cominciò a fare un sacco di domande irragionevoli al suo marito turbato. Fù ovvio che lei era molto irritata. "Che cosa hai fatto oggi? Perché non studiavi? Perché sei andato sopra sul *mio* terrazzo?" Disse con un'enfasi non necessaria alla parola "mio". Questo irritò Giorgio. Invece di parlare del crimine e cercare di darsi conforto l'uno all'altro, cominciarono a litigare. Sentimenti cattivi e pensieri maligni nascosti dai tempi delle nozze e dalla luna di miele vennero fuori. Scambiarono parole che nessuno dovrebbe mai dire ad alta voce a uno sposo, soprattutto a uno sposo novello.

"Mentre il mio padre carissimo ha pagato tutto per le nozze e ha pagato tutto per questo mio bell'appartamento!" gli gridò, "il tuo ha pagato soltanto per la luna di miele. Devo dire anche, tutto era a buon mercato. Il più economico possibile!"

Giorgio non poteva credere alle sue orecchie. Lei sapeva che i suoi erano piuttosto poveri. Suo padre non aveva lavorato per qualche anno a causa di una disabilità. Quando aveva 8 anni era stato colpito dalla polio e da allora in poi aveva zoppicato. Soltanto negli ultimi anni, aveva dovuto usare una sedia a rotelle per distanze lunghe. All'università, suo padre aveva seguito corsi per diventare medico. Nonostante avesse ricevuto buoni voti, tutte le scuole di medicina avevano rifiutato di ammetterlo a causa della sua disabilità. Divenne, quindi, insegnante di matematica a un liceo pubblico. Recentemente, aveva cominciato a soffrire dei sintomi della sindrome post-polio!

"E tu," finalmente rispose rosso in viso a sua moglie (a dire la verità, aveva già sentito questi sentimenti più di una volta), "che hai fatto tu durante la nostra luna di miele? Invece di stare attenta mentre eravamo al Grand Canyon, sei caduta e hai fratturato una gamba. Una stupidaggine! Una scemenza!" Fù impossibile fermarsi. Non era mai stato così furioso in tutta la sua vita. "Chi ha mai sentito una stupidaggine simile? Chi si frattura una gamba durante una luna di miele? Forse era un atto subconscio per evitare di fare l'amore."

Era ovvio che loro non si conoscessero bene. Andare a un concerto insieme o tenersi le mani in un parco non è sufficiente per conoscere l'altra persona. Infine, si deve vivere insieme, condividere la vita quotidiana con tutte le sue gioie e con tutti i suoi guai.

Loro due furono capaci di continuare a litigare tutta la sera e tutta la notte, ma nel bel mezzo di questo litigio, squillò il telefono. "Pronto," rispose la signora. "Chi parla?" Silenzio. Poi: "Di' al tuo ragazzo che so dove abita." Una voce bassa e crudele di un uomo. "So che si chiama Giorgio. E se lui parla ai poliziotti, lo ammazzerò!"
Attaccò.

Gabriella era spaventata. Non aveva mai sentito una voce tanto crudele. Abbracciò suo marito. "O Giorgio," lo baciò teneramente sulla bocca. "Ti amo amore mio. Non voglio perderti."

Parte Nona: Il cielo svanisce

I baci non furono sufficienti. Malgrado il fatto che si fossero innamorati, la loro vita, da allora in poi, non andò avanti facilmente. Qualcosa aveva cambiato il loro matrimonio quel benedetto pomeriggio sul terrazzo. Forse Giorgio non le aveva spiegato abbastanza bene quanto fosse stato terrorizzato dall'assassino. Forse Gabriella era troppo chiusa in se stessa e troppo perduta nel suo mondo. Forse Gabriella non voleva pensare alla possibilità di perdere il suo bell'appartamento.

Il giorno dopo la morte sul terrazzo, senza dire neanche una parola a Gabriella, Giorgio andò al posto di polizia vicino all'appartamento. Da buon americano, credeva che fosse suo dovere – spiegare il meglio possibile tutti i dettagli del crimine e fare qualsiasi cosa per aiutare i poliziotti a catturare l'assassino. Non pensò alla possibilità che uno dei poliziotti fosse corrotto. Non pensò alla possibilità che l'assassino potesse seguirlo per le strade di Washington. Non pensò alla possibilità che l'assassino potesse ammazzarlo all'ombra della Cattedrale Nazionale.

"Devi ritornare a casa, ragazzo" gli disse un poliziotto alto e scuro con un accento di Brooklyn. "Qui i criminali possono squarciarti la gola. È troppo pericoloso per qualcuno come te. Perché non ritorni a casa a prenderti cura di tuo padre? Non è vero che è handicappato?"

"Come sai questo?" Disse Giorgio tra sè. "O questi poliziotti sono più furbi di quello che immaginavo o hanno pagato qualcuno per queste informazioni. In ogni caso, devo scappare da questa città e nascondermi in un paesino di campagna."

Quando ritornò all'appartamento, trovò sua moglie più arrabbiata che mai. "Dove sei stato?" Gli chiese. "No, non devi dirmi. Posso indovinare. Sei stato dai poliziotti, non è vero? Non ricordi quello che ha detto l'assassino? Ti ammazzerà se parlerai con i poliziotti." Scoppiò a piangere e corse in camera.

Giorgio la seguì e cercò di calmarla. "No, è troppo tardi," gli disse con una voce fredda e senza tenerezza. Giorgio non aveva mai sentito una voce così gelida. Poi la sposa aggiunse, "Non toccarmi. Non voglio le tue carezze. Lasciami in pace."

"No, dai, cara," le rispose. "Sai che ti voglio molto bene. Tu sei la cosa più bella e più importante nel mio mondo!"

"Adesso, sei il diavolo. Vattene via! Lascia questo appartamento, lascia la città, lascia il mio mondo prima che quell'assassino ti ammazzi!" Gabriella mise la testa sotto il cuscino, piangendo più forte che mai.

Giorgio non sapeva cosa fare. Un umile studente di medicina senza soldi suoi e altre risorse; i suoi erano in Italia per visitare alcuni parenti, tutti i suoi amici abitavano in altre città e suo suocero, forse un po' corrotto, non lo vedeva di buon occhio.

"Com'è possibile che sia finita così?" Disse Giorgio ad alta voce. "Sono venuto in questa bella città e per fortuna ho trovato la più bella signorina di tutto il mondo. Ci siamo sposati soltanto pochi mesi fa e dopo una favolosa luna di miele siamo venuti qui per vivere in santa pace e in amore. E adesso la mia cara Gabriella non vuole che la tocchi. Dov'è il Padre Eterno?" Poi, anche lui scoppiò a piangere. Ma la sposa non potè sentire tutti questi bei sentimenti perché le sue orecchie erano coperte dal cuscino. Anche il suo cuore era chiuso.

Parte Decima: Giorgio lascia l'appartamento

Giorgio non sapeva che fare. Si sentiva tutto solo: solo nel suo appartamento, solo in una delle più belle città del mondo, solo in una patria lontana dai suoi.

"Che posso fare?" Si domandò. "Non ho soldi, non ho amici e in questo momento, non ho neanche una moglie che mi voglia bene. Inoltre, c'è qualcuno che vuole ammazzarmi. Devo scappare da questa città e trovare una strada giusta." Mentre pensava a tutti questi guai, si diresse verso il posto preferito in tutta Washington: il monumento a Lincoln. Lì fu possibile ricordare tutti gli eroi della storia americana e tutti quelli che avevano sopravvissuto a nemici e ad assassini. A qualche isolato da questa magnifica scultura, c'era una piccola trattoria che si chiamava "Il Potomac". Lui si accomodò nel fondo scuro della trattoria vicino alla porta posteriore in caso fosse necessario fare un'uscita rapida.

Per fortuna, conosceva il cameriere che era assegnato alla sua tavola. Un giovanotto di nome Michele che studiava medicina insieme con Giorgio. Michele si accorse subito che Giorgio era sconvolto per qualche cosa. Dopo un bicchiere di vino bianco, Giorgio si sentì meno inibito e cominciò a raccontare a Michele tutti i dettagli della sua brutta giornata, incluso le descrizioni dell'assassino con l'orecchino e la camicia bianca a strisce rosse.

Michele capì subito. "Sai, Giorgio, che questa combinazione d'un orecchino e una camicia bianca a strisce rosse può indicare soltanto una cosa: la mafia in America." Poi, Michele raccontò che di tanto in tanto un gruppo di mafiosi veniva alla sua trattoria per pianificare il loro prossimi crimini. "Molto maligno, molto brutto," disse Michele. "Ti consiglio di scappare dalla città il più presto possibile!"

"Ma non ho soldi, non ho idea di dove andare," disse Giorgio. "Mia moglie ha tutti i nostri soldi e tutto il potere in famiglia. Non posso combattere questa mafia da solo," scoppiò a piangere. Fù una scena molto triste.

In quel momento, e soltanto in quel momento, mentre i due amici parlavano della mafia e degli uomini che si vestivano sempre con le camice bianche a strisce rosse e portavano gli orecchini nelle orecchie sinistre, tre uomini alti, abbronzati e robusti entrarono nella trattoria e si accomodarono a una tavola vicino a Giorgio. Questo era così terrorizzato che non potè neanche finire il suo bicchiere di vino bianco. Fece finta di andare in bagno dove si incontrò con il suo amico, Michele.

"Michele," gli disse sottovoce, "devo scappare dalla porta posteriore. Ma non ho soldi. Sarebbe possibile prendere in prestito qualche soldo? Ti giuro di ripagarti il più presto possibile. Nel frattempo, dammi il tuo numero di cellulare e cercherò di richiamarti ogni sera verso le sei." Giorgio non poté parlare più. La sua bocca era secca e il cuore gli batteva 180 volte al minuto.

Il cimitero di Arlington di notte

Per fortuna, fuori era buio. Le strade erano quasi vuote di macchine e quando Giorgio lasciò la trattoria dalla porta posteriore, i marciapiedi erano quasi vuoti di persone. Senza una meta definita, Giorgio cominciò a correre dalla trattoria lungo la riva del fiume Potomac. Attraversò il ponte Memorial verso il cimitero di Arlington dove crollò dietro a una pietra tombale sull'erba verde e soave e, per un momento, cadde in un sonno profondo.

"Aiutami, aiutami!" Qualcuna gridò molte volte. Giorgio si svegliò e vide una signorina che correva verso di lui. Dietro di lei, vide un uomo sui 30 o 40 anni, mal vestito con un bastone nella mano sinistra. "Aiutami, quel mascalzone vuole rubarmi o molestarmi." Subito, Giorgio si mise a correre verso la signorina e il mascalzone. Per fortuna, Giorgio giocava al football americano durante il liceo e sapeva bene come immobilizare qualcuno senza difficoltà. Il mascalzone non voleva combattere, così scappò il più rapidamente possibile in un'altra direzione.

"Oh!, grazie, grazie!" gridò la ragazzina che forse aveva 22 o 23 anni. "Non saprei come ringraziarti," gli disse. "Cosa

170

posso fare per mostrare la mia gratitudine?" Giorgio non potè pensare chiaramente e, in quel momento, l'unica cosa che voleva era qualche cosa da bere.

Per fortuna, la signorina che si chiamava Paola, abitava vicino al cimitero in una bella casa di Arlington. Paola invitò Giorgio ad accompagnarla a casa sua per mangiare qualcosa e pulirsi. Mentre camminavano verso la sua casa, Giorgio imparò che Paola si era laureata recentemente in fisica nucleare all'università di Stanford e aveva vinto una borsa di studio per diventare astronauta. Lui non avrebbe potuto trovare una famiglia più gentile e generosa in tutta la Virginia. Dopo una lunga e deliziosa cena con la famiglia della ragazza, con I genitori Elena e Stefano Vivante, si dilettarono a conversare e Giorgio spiegò qualche dettaglio della sua brutta giornata. Alla fine, i signori Vivante lo invitarono a dormire in una camera per gli ospiti fra lenzuola pulite. Giorgio crollò nel letto e si addormentò subito senza neanche un pensiero a sua moglie che dormiva altrove.

Parte undicesima: Giorgio fa la conoscenza d'una nuova famiglia

La mattina sequente, Giorgio spiegò di nuovo la sua vita a Washington, i suoi studi di medicina, il suo amore per Gabriella, le loro nozze e anche della luna di miele attraverso alcuni parchi nazionali dell'ovest. Poi, alla fine, raccontò quello che era successo sul terrazzo e accennò all'assassinio in camicia bianca a strisce rosse. Alla fine, il signor Vivante disse:

"Io sono capitano delle forze di polizia ad Arlington. Capisco tutto di questi uomini che portano sempre un orecchino e una camicia bianca a strisce rosse. Giorgio ha ragione: tutti questi individui appartengono a un tipo di mafia americana, molto pericolosa. Sono d'accordo con Paola che deve lasciare Washington il più presto possibile. E per avere aiutato mia figlia, posso darle una mano a scappare dalla città."

Giorgio non credeva alle sue orecchie. Ecco una famiglia

ideale, con una bella e giovane figlia e un padre onesto e pronto ad aiutarlo. "Perché non potevo trovare una famiglia così invece di quella che ho trovato io?" Giorgio si disse.

Mentre facevano colazione in giardino, un altro membro della famiglia arrivò tutto agitato. Era il fratello minore di Paola che si chiamava Lorenzo. "Voi non potete indovinare quello che ho appena sentito alla televisione!"

Tutti si guardavano in viso. "Di che cosa parli, Lorenzo?" Gli disse la mamma. Lorenzo s'accomodò alla tavola contento di essere al centro dell' attenzione. Lui aveva 15 anni ed era un bravo studente ma gli era difficile essere il figlio minore in una famiglia con la bella e brillante Paola.

"Che cosa ti salta in testa, ragazzo?" Gli disse Paola. A dire la verità, Lorenzo odiava sua sorella e in privato la chiamava "P.P." per Paola Principessa.

"Soltanto," le disse Lorenzo, "che il tuo nuovo amico di notte, il tuo eroe del cimitero non è quello che sembra."

Stefano, capitano di polizia, sentì tutta questa conversazione ma non disse nulla. Finalmente, aprì bocca e disse alla famiglia con voce autoritaria, "Che hai sentito in televisione?"

Lorenzo rispose subito. "Ho sentito in televisione che la polizia sarebbe in cerca di un italo-americano di nome Giorgio che studia medicina a Georgetown e che è sposato con una fanciulla italiana famosa e ricca di nome Gabriella... Secondo le notizie, Giorgio sarebbe latitante perché avrebbe ammazzato qualcuno ieri." La faccia di Lorenzo era rossa e piena di sudore. Non disse niente per un momento mentre cercava di calmarsi. Poi, gli disse, "La polizia dice che questo Giorgio è armato ed è molto pericoloso. E per questa ragione, vorrei sapere perché lui sta qui in casa nostra e voi permettete che passi tutta la notte in una camera per gli ospiti fra lenzuola pulite."

Tutti rimasero allibiti a questa notizia. "Bugie, bugie," gli disse Giorgio ad alta voce. "Come sarebbe possibile? Io sono

un umile studente di medicina che sogna di aiutare la gente e
che non sa neanche usare una pistola. Mi sono appena sposato
con una ragazza che si è laureata recentemente in legge.
Sfortunatamente, io non piaccio a suo padre. Questi avrebbe
voluto per sua figlia un italiano ricco e famoso. Sua figlia,
invece, ha scelto un povero americano che non sa neanche
parlare italiano bene. Questo maledetto suocero avrà
propagato tutte queste bugie in modo che sua figlia mi
divorzi."

"Ti credo!" gli disse Paola e guardò intensamente nella
faccia di Giorgio, con i suoi begli occhi verdi. "E vorrei
aiutarti. Papà, che possiamo fare per aiutare Giorgio?"

Il capitano pensò per un momento. Poi, disse, "Stasera,
dopo cena, dobbiamo trovare un travestimento per
nascondere la sua identità. Più tardi, lo porterò alla stazione
ferroviaria; conosco qualcuno che può trovare un posto
remoto su un treno che vada al Nord fino al sud del Vermont.
Lui può viaggiare tutta la notte e scendere dal treno all'alba
nella campagna lontano da Washington vicino a una piccola
città di nome Manchester. Lì, non c'è la mafia e potrà
nascondersi fra i numerosi paesi delle montagne nel sud del
Vermont." Così avvenne e Giorgio arrivò fra le belle
"Montagne Verdi" del Vermont.

Malgrado il rumore del treno, Giorgio potè dormire due o
tre ore durante il viaggio verso il Nord. Poco dopo l'alba, il
treno si fermò alla stazione ferroviaria di Manchester—l'unica
stazione ferroviaria in quella zona del sud del Vermont-- dove
Giorgio scese per cercare qualche cosa da mangiare. Per caso,
si sedette in un ristorante accanto ad un uomo tutto vestito in
bianco. Era un medico.

"Mi chiamo dottor Carl Sheperd," gli disse il dottore
mentre si stringevano le mani. Il dottor Sheperd aveva una
cinquantina d'anni. Era ben vestito e sembrava essere un uomo
molto colto. "Mi chiamo Giorgio Napolitano," gli disse. "Sono
studente di medicina a Washington. O, ero studente di

medicina. Per il momento, sono in vacanza forzata."

Una vista di Manchester nelle montagne verdi

"Cosa ti porta qui a Manchester?" Gli chiese. Il dottor Sheperd aveva indovinato che Giorgio era straniero e non veniva dal Vermont. Giorgio aveva un accento new yorkese.

"Cerco di evitare qualcuno che vuole ammazzarmi," Giorgio non sapeva dire bugie. "È una lunga storia ma non posso rimanere più a Washington dove mi sono sposato poco tempo fa con una bella signorina italiana." Giorgio prese un sorso di caffè e studiò la faccia di questo dottore gentile. Giorgio continuò, "Adesso, devo nascondermi in qualche posto finché la polizia di Washington catturi l'assassino che vuole farmi male."

I due restarono seduti in silenzio per qualche minuto. Giorgio mangiò un cornetto e prese un altro sorso di caffè nero. Poi il dottore gli disse, "Forse posso aiutarti. Io lavoro in un ospedale qui vicino. È un ospedale generale a pochi chilometri da qui a Bennington. Io sono il primario del reparto di chirurgia, e se vuoi, posso darti un lavoro come assistente nel laboratorio di ricerche. Abbiamo bisogno di un altro assistente e puoi imparare un po' di medicina. Non posso offrirti un buon salario ma puoi vivere in un piccolo appartamento accanto al laboratorio e puoi mangiare alla nostra mensa gratuitamente."

"Che meraviglia! Che miracolo!" Pensò Giorgio tra sè. "Non posso credere a questa mia fortuna. Non avrei mai pensato che ci fossero tante persone così gentili nel mondo." Giorgio accettò l'offerta e dopo aver mangiato, i due andarono insieme con la macchina del dottore verso una strada secondaria. In macchina, il Dottor Sheperd raccontò un po' della sua vita.

"Mi sono laureato in medicina a Rochester e poco dopo la laurea mi sono sposato con una bellissima signorina francese di nome Brigitte. Noi siamo venuti da queste parti per la nostra luna di miele e per qualche giorno siamo rimasti in un piccolo albergo in cima a una bellissima montagna. È stato, veramente, paradiso: prati dorati, vento con l'odore dei pini, niente folla, strade sterrate che svaniscono nelle colline ondeggianti." Il dottore smise di parlare per un momento mentre guardava verso un bosco di betulle.

Poi, "Brigitte s'innamorò di tutto questo posto: le montagne, i boschi, la gente. Aveva detto che era il posto più bello di tutto il mondo, anche più bello della Francia. Così, abbiamo deciso di comprare una casa qui vicino—una piccola fattoria, a dire la verita'-- e ho trovato lavoro all'ospedale. Per due anni, tutto andò bene. Potevo fare chirurgia durante il giorno e rimanere con la mia sposa tutta la notte. Siamo stati felicissimi. Ero l'uomo più felice di tutto il mondo."

Un'altra pausa mentre il dottore guardava le nuvole in cima alla montagna di fronte. Durante gli ultimi 10 minuti, la sua voce era diventata triste e parlava sempre più piano. Finalmente, continuò la sua storia, "Un giorno, ritornai a casa per cena. Brigitte non c'era. Non aveva lasciato una nota. Chiamai tutti i nostri amici. Pensai che fosse andata in visita da qualcuno o che facesse la spesa. Niente. Nessuno sapeva niente. Come puoi immaginare, ero molto preoccupato. Alla fine, andai nel giardino dietro la casa. Lì nei cespugli trovai il suo corpo esanime. Fù il momento più orribile in tutta la mia vita."

Giorgio non poteva credere alle sue orecchie. Come mai questo uomo così gentile aveva deciso di raccontare tutto questo della sua vita a un perfetto sconosciuto? Dopo un momento, continuò con la sua storia, "La polizia venne per fare il sopraluogo. Un vicino disse che aveva visto un uomo alto e bruno e sconosciuto attaccare la signora Sheperd nel giardino. Per caso, il vicino aggiunse che questo uomo portava una camicia bianca a strisce rosse e inoltre aveva un orecchino d'oro all'orecchio sinistro." Giorgio rimase sbalordito. Com'era possibile che la mafia avesse anche toccato la famiglia di questo medico così lontano da Washington?

"Perché qualcuno aveva attacato sua moglie?" Gli domandò. "È una lunga storia," disse il medico. "Sembra che anni prima, io avessi eseguito un intervento chirurgico molto difficile su un fratello di questo uomo. Sfortunatamente, l'intervento non andò bene. Ammazzare mia moglie fù la sua vendetta. Adesso, il lavoro è la mia vita." Giorgio non poteva credere alle sue orecchie ma non disse niente delle sue avventure e dell'assassinio a Washington. Come era possibile che la vita di questo uomo gentile fosse stata colpita dagli stessi mafiosi che avevano rovinato la sua vita e il suo matrimonio?

Parte dodicesima: La nuova vita sulle montagne

Giorgio si sentiva sicuro in quest'ospedale nascosto fra le montagne: la mattina faceva semplici ricerche nel laboratorio del dottor Sheperd, seguiva una lunga colazione alla mensa con altri medici, infermiere eimpiegati; il pomeriggio accompagnava i medici negli ambulatori dove si facevano diagnosi e si curava la gente. "La vita d'un medico è molto interessante e piacevole qui nel Vermont," Giorgio si diceva. "Mi piacerebbe stabilirmi qui dopo la laurea. Forse anche Gabriella potrebbe fare l'avvocato qui vicino." Per essere onesto, questa era la prima volta che Giorgio aveva pensato alla sua sposa a Washington. Lei gli mancava--soprattutto il sesso-- ma aveva ancora paura di ritornare al loro appartamento. Poi, tutto ad un tratto, la vita cambiò anche qui.

Il giorno dopo una lunga giornata di lavoro nel laboratorio del dottor Sheperd, Giorgio fece una piccola passeggiata attraverso il villaggio di Bennington. Non pensava a niente in particolare quando improvvisamente vide un uomo basso e bruno al fondo della strada. Questi portava una camicia bianca a strisce rosse! "Com'è possibile?" Giorgio si domandò. "Questi maledetti uomini sono dappertutto. Devo scappare un'altra volta! Forse il dottor Sheperd può aiutarmi."

"Forse lui fa una vacanza qui nel sud del Vermont," disse il dottore. "Le montagne sono molto popolari fra i mafiosi. Comunque, non mi spaventano più questi tipi. Ma ti consiglio di lasciare il villaggio. Telefona stasera alla tua sposa. Forse i poliziotti hanno catturato quelli che vogliono farti male."

Era un'idea molto saggia. "Tesoro, tesoro mio," cominciò Giorgio quando sentì la voce di Gabriella. "Non posso dirti quanto ti amo e quanto mi manchi," le disse con le lacrime agli occhi. "Voglio ritornare da te il più presto possibile. Non m'importa se quell'assassino mi cerca ancora o no. So adesso che la cosa più importante nella vita sei tu e sarai sempre tu!" Non poté continuare a parlare a causa dell'emozione. Finalmente, parlò Gabriella.

"Caro, non preoccuparti. Ho buone notizie." Gli disse con una voce calma e soave. "Un tenente di polizia mi ha telefonato oggi. Ha detto che ieri mattina hanno catturato non soltanto l'assassino che hai visto tu ma altri 22 mafiosi durante una riunione qui a Washington." Giorgio non poteva credere alle sue orecchie. Che meravigliosa notizia! "Gabriella, amore mio, abbiamo bisogno di una seconda luna di miele. Che ne dici?" Le disse.

Gabriella rispose, "Che bellissima idea! Non vedo l'ora di rivederti e fare l'amore. Tu sei la persona più importante nella mia vita." Tutto ad un tratto, un'idea geniale venne a Giorgio. "Gabriella," le disse, "che ne pensi di fare la nostra seconda luna di miele qui al nord del Vermont? Conosco un albergo meraviglioso lì che si chiama Trapp Family Lodge. E' stato creato dalla famiglia famosa nel cinema "Sound of Music". Se vuoi, posso affittare un posto per una settimana."

Rispose lei, "Benissimo! Lo conosco bene. Ci vediamo nell'atrio dell'albergo domani sera alle 7."

~ Fine ~

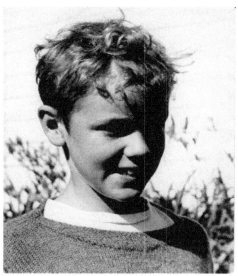

L'autore a cinque anni

Lauro de Bosis Halstead ha cominciato a studiare l'italiano all'università negli anni 50. Ha poi passato un anno a Roma con una famiglia romana e completato gli studi di medicina negli Stati Uniti. Ha lavorato nella faccoltà di medicina di Rochester, N.Y., Houston, Tx e Washington, D.C.

Con il passare del tempo, il suo amore per l'Italia e l'italiano, malgrado l'intensa vita professionale, non ha fatto che crescere.

Nel 2013 è andato in pensione e ha potuto finalmente dedicarsi intensamente alla lingua dantesca. È nato quindi questo libro di racconti, a volte veri a volte inventati, ma tutti scritti con passione e amore.

Il Dottor Halstead è sposato con Jessica Scheer e ha tre figli, Larissa, Christina e Alexander e due nipotine, Brooklyn e Kinley.

Finito di stampare
nel mese di dicembre 2016
a Washington, D.C.

Made in the USA
Las Vegas, NV
29 November 2023

81813189R00105